니체,

버스킹을 하다

탐 철학 소설 28

니체, 버스킹을 하다

초판 1쇄	2017년 2월 8일
초판 3쇄	2021년 11월 15일

지은이	강선형

책임 편집	김현경
마케팅	강백산, 강지연
디자인	이정화
표지 일러스트	박근용

펴낸이	이재일
펴낸곳	토토북

주소 04034 서울시 마포구 양화로11길 18 3층 (서교동, 원오빌딩)
전화 02-332-6255 | 팩스 02-332-6286
홈페이지 www.totobook.com | 전자우편 totobooks@hanmail.net
출판등록 2002년 5월 30일 제10-2394호
ISBN 978-89-6496-321-0 44100
ISBN 978-89-6496-136-0 44100 (세트)

- 이 책의 사용 연령은 14세 이상입니다.
- 탐은 토토북의 청소년 출판 전문 브랜드입니다.

니체,
버스킹을 하다

강선형
지음

탐
철학
소설

티읃

차례

영화 〈매트릭스〉를 보셨나요? 〈매트릭스〉의 주인공은 낮에는 평범한 회사원 토머스 앤더슨으로, 밤에는 네오라는 이름의 해커로 살아가는 남자입니다. 어느 날 갑자기 그에게 모피어스라는 남자가 나타나 말합니다.

"파란 약을 먹으면 이 이야기는 여기서 끝이 나고, 당신은 그저 평소처럼 침대에서 일어나 믿고 싶은 것은 무엇이든 믿으며 살아갈 수 있게 된다. 하지만 빨간 약을 먹으면 토끼 굴을 통해 다른 세계로 얼마나 깊이 갈 수 있는지 보여 주겠다."

'매트릭스'라는 세계의 의미가 무엇인지 궁금했던 앤더슨은 금방 빨간 약을 집어 듭니다. 그런 그에게 모피어스는 경고하지요.

"내가 줄 수 있는 것은 진실뿐, 그 이상은 아니라는 것을 기억하라."

빨간 약을 먹은 앤더슨은 매트릭스의 의미를 알게 됩니다. 바로 '컴퓨터 제너레이팅 드림 월드'이지요. 우리가 여느 때와 다름없이 보고 만지고 느끼며 살고 있던 세계가 기계들이 만들어 낸 가상 세계였다는 것을 알게 된 겁니다. 기계는 인간을 자기들의 에너지원으로 이용하고 통제하기 위해 매트릭스라는 가상 세계를 만들고, 인간이 그 속에서 마치 자유와 의지를 가진 생명체로 살아가고 있는 것처럼 생각하도록 속이고 있었습니다. 매트릭스에서 빠져나온 앤더슨은 하나의 건전지가 되어 버린 인류의 끔찍한 광경을 목도하게 되지요.

뜬금없이 왜 이런 이야기를 하는지 의아하지요? 저는 니체의 철학이 여러분에게 던지는 질문이, 마치 파란 약과 빨간 약을 들고서 어떤 약을 먹을 것인지 묻는 모피어스의 질문 같다고 생각합니다. 니체의 철학은 '당신이 믿고 있는 도덕이 완전한 도덕이라고 생각하는가?', '완전하고 선한 신이 있다고 생각하는가?', '당신은 당신 삶의 이유가 행복일 수 있다고 생각하는가?'와 같이 우리가 너무도 당연하게 받아들이고 있는 것들에 대해 '그렇지 않다면 당신은 어떻게 하겠는가?'라고 되묻고 있기 때문이에요.

만일 우리가 당연하다고 믿고 있는 도덕이 절대적인 것이 아니라면, 신도 없고 신이 만들어 놓은 천국도 없다면, 행복하기 위해 산다고 믿었지만 그것이 진정한 행복이 아니라면, 여러분은 '진짜 세계'에 대해 알고 싶어 할까요? 〈매트릭스〉에서 앤더슨은 단숨에 빨간 약을 집어삼켰지요. 하지만 우리가 살고 있는 세상에서 여러분이 정말로 그런 선택의 상황에 놓인다면 빨간 약을 먹기는 쉽지 않을 거예요. 이 세계가 끔찍할 정도로 거짓되고 허망한 세계라면, 그런 세계에서 살아남아야 하는 일은 무섭고 두려운 일이 될 테니까요.

그럼에도 니체의 철학은 여러분에게 파란 약과 빨간 약을 내밀 겁니다. 선택은 여러분의 몫이지요. 하지만 니체의 철학이 곤혹스러운 선택만을 주는 것은 아니에요. 그의 철학은 용기 또한 선사할 겁니다. 〈매트릭스〉의 또 다른 주인공 트리니티는, 세계에 대한 호기심으로 가득 차 있지만 세계의 진실에 더 이상 접근이 불가능하여 허망함에 빠져 있던 앤더슨 앞에 나타나 그의 귀에 속삭입니다.

"우리를 여기로 이끈 건 질문이었어. 답은 어딘가에서 너를 찾아다니고 있지. 네가 원한다면 찾을 수 있을 거야."

트리니티의 말처럼 여러분은 원한다면 반드시 답을 찾을 수 있을 거예요. 이것이 바로 진실이 주는 용기지요. 니체의 철학은 질문과 함께 진실을 바랄 수 있는 용기 또한 줄 거예요.

이 책은 니체의 저서 《차라투스트라는 이렇게 말했다》의 내용을 충실히 전달하기 위한 것이기도 하지만, 다른 한편으로는 언젠가 꼭 한번 여러분이 《차라투스트라는 이렇게 말했다》를 읽어 보게 될 때 가이드가 되어 주면 좋겠다는 마음으로 쓴 책이기도 해요. 그래서 차라투스트라는 물론이고 이 소설에 등장하는 인물들을 《차라투스트라는 이렇게 말했다》에 등장하는 인물과 닮게 구성했지요.

예를 들면 《차라투스트라는 이렇게 말했다》 4부 3장에 등장하는 자기의 왕국을 떠나는 '오른쪽 왕과 왼쪽 왕'은 국회의원 김기중으로, 4부 2장에 등장하는 회의에 빠진 '우울한 예언자'는 '지팡이를 휘두르는 남자'라는 사람으로 만들었어요. 또 4부 5장의 인물, 증명되지 않는 것은 아무엇도 믿지 않으려 하는 '정신의 양심을 지닌 자'는 이제하라는 사람으로, 4부 5장의 연기하는 '마술사'는 조윤수라는 사람으로 만들었지요. 이 두 인물을 통해서《차라투스트라는 이렇게 말했다》에서 말하는 니체의 '영원회귀'가 무엇인지까지 이야기하고자 했어요. 마지막으로 4부 6장 신의 죽음 뒤 우울해진 '교황'은 신부로, 4부 7장 신을 죽인 '가장 추악한 인간'은 신도로 등장합니다.

이렇게 니체는 차라투스트라를 통해서 많은 사람과 만납니다. 차라투스트라는 자신을 필요로 하는 사람이라면 누구든 만나고 그들과 이야기 나누는 것을 멈추지 않는 사람이지요. 일종의 버스킹을 하고 있는 것이랄까요?

차라투스트라와 인물들 사이의 대화에 담긴 니체의 사상은 아모르 파티(Amor Fati), "네 운명을 사랑하라"는 말로 귀결됩니다. 운명을 사랑하라는 건 '그저 운명이려니' 하고 받아들이는 것과 달라요. 운명이라는 거대한 수레바퀴의 회전에 순응하며 살아가야 한다면, 우리는 우리의 운명을 적극적으로 사랑할 수 없겠지요. 우리가 운명을 사랑할 수 있는 건, 적극적으로 운명을 선택하고 만들어 갈 수 있기 때문일 거예요. 니체의 '아모르 파티'는 바로 이런 의미를 함축하고 있습니다. 우리가 빨간 약과 파란 약 앞에서 선택할 수 있기 때문에 우리는 우리의 운명을 사랑할 수 있는 거지요.

자, 이제 저는 여러분에게 다시 한번 묻고 싶습니다. 여러분은 니체가 내미는 빨간 약과 파란 약 중 무엇을 삼킬 건가요? 이 책과 함께 《이상한 나라의 앨리스》처럼 토끼 굴로 뛰어들어 가 볼까요?

강선형

어느 초여름날, 마치 숲을 이루고 있는 나무들처럼 빼곡하게 고층 빌딩이 들어선 도시에 사람들이 모여 일제히 공중을 바라보고 있었다. 한 빌딩과 다른 빌딩 사이에 연결된 줄을 한 사람이 기다란 장대를 들고 아슬아슬하게 걸어가고 있었던 것이다. 사람들은 강렬한 햇빛을 손으로 어설프게 가리며, 끝도 없이 솟아 있는 빌딩 끝을 때로는 환호성을 지르며 때로는 안도의 한숨을 쉬며 바라보았다.

이 군중들 가운데 꼿꼿이 서서, 빌딩 꼭대기를 바라보는 것인지 태양을 바라보는 것인지 모르게 정면으로 고개를 들고 있는 자가 있었다. 그는 바로 '차라투스트라'였다. 차라투스트라는 눈도 찡그리지 않고 서서 중얼거리고 있었다.

"태양은 자기가 비출 수 있는 것이 없다면 행복하지 못할 거야. 혼자서만 타오르는 것은 아무런 가치도 없어……."

그때 구름이 태양을 가리면서 바람이 한차례 세차게 불었다. 줄 타는 사람의 장대가 바람에 흔들려 그의 몸이 휘청거렸다. 사람들은 놀라 비명을 질렀다. 차라투스트라는 여전히 고개를 빳빳이 들고서 조금 더 큰 목소리로 중얼거렸다.

"인간이란 무엇인가? 아니, 이렇게 묻는 인간 자신이야말로 극복되어야 할 무엇일 뿐이야. 그런데 인간들은 자기 자신을 극복하기 위해 대체 무얼 하고 있는 거지?"

줄 타는 사람이 자세를 고쳐 바로 서자 사람들은 탄성을 내질렀다. 줄 타는 사람은 이내 한 걸음을 더 내디뎠다. 그의 발꿈치가 파르르 떨렸다. 차라투스트라는 탄식하며 돌아섰다.

'인간은 초인(超人, Übermensch)이 되어야 해.'

차라투스트라가 이렇게 생각하며 돌아섰을 때, 한 소년이 그를 올려다보고 서 있었다. 자기 내면에서 들려오는 말소리에 집중하느라 차라투스트라는 소년이 자신을 한참이나 바라보고 있었다는 사실을 미처 알지 못했다. 소년의 눈망울은 햇빛이 반사되어 반짝거렸다.

'태양은 자기가 비추어 줄 것이 없다면 행복할 수 없다.'

차라투스트라는 자신이 태양이 되어 소년을 비출 수 있으면 좋겠다고 생각했다. 소년에게 진짜 세계의 모습을 가르쳐 주고 초인이 되는 법을 가르쳐 줄 수 있다면…….

"아저씨, 왜 끝까지 안 보고 돌아가세요? 저 아저씬 저 빌딩에서 줄을 타려고 10년 동안이나 준비했대요."

소년이 호기심 어린 표정으로 물었다.

"애야, 너는 저 아슬아슬한 줄타기를 보며 무슨 생각을 했니?"

차라투스트라가 물었다.

"아무 생각도 안 들었는데요. 하도 위험해서 가슴만 조마조마했어요. 그런데 아저씨는 어떻게 아무렇지도 않은 표정으로 보고 계셨어요?"

"잠시 다른 생각에 빠져 있었단다. 처음엔 줄을 탄다는 것이 참으로 위험한 일이라고 생각했지. 건너가는 것도 위험하고, 뒤돌아보는 것도 위험하고, 무서워서 멈춰 서는 것도 위험하니까. 그런데 바로 그것이 인간이 서 있는 지점이야. 인간이 위대한 점은 인간의 목적이 인간이 되는 것이 아니라는 점이지. 인간은 초인이 되는 하나의 다리일 뿐이야."

"초인이라니요?"

"나는 스스로를 극복하는 인간을 초인이라고 부른단다. 네가 만일 줄을 타는 저 사람처럼 이편에서 저편으로 건너가 너 자신을 극복할 수 있다면, 하지만 그 줄 위에서는 끝없는 고독과 마주해야 하고 그 고독이 너무 견디기 힘들어도 발을 내디딘 순간 다시 돌이킬 수 없다면, 너는 첫발을 내딛겠니?"

"나를 극복하면 뭐가 좋은데요?"

소년은 별것 아니라는 듯 물었다.

"무엇이 좋은가라……."

차라투스트라는 이렇게 읊조리며 웃었다.

"얘야, 좋다는 것은 무엇일까?"

소년이 대답하려는 찰나, 줄을 타던 사람이 줄 끝에 다다랐다. 사람들은 박수를 치며 환호했다. 줄 타는 사람은 사람들을 향해 손을 흔들었다.

"저 사람 좀 보세요. 저렇게 행복해 보이는걸요!"

소년이 말했다. 차라투스트라는 신이 나 박수를 치는 소년을 한동안 바라보았다.

"그래. 저 사람은 이편에서 저편으로 건너가 행복감을 맛보았겠구나. 하지만 얘야, 생각해 보렴. 저 사람은 오직 저편에 무사히 도착해야만 얻을 수 있는 저 단 한 순간의 행복을 위해서 줄을 타기로 결심했을까?"

"그렇지 않으면요? 왜 저 사람은 저렇게 줄을 타기로 했는데요?"

"저 사람이 줄을 타는 이유는 저 사람만이 알 수 있겠지. 하지만 내 생각엔 말이야, 행복은 오직 네 발돋움에 따라오는 부수적인 것이지 진정한 목표가 될 수 없단다. 저 줄을 타는 사람은 행복하기 위해 발을 뗀 것이 아니라, 발을 뗐기 때문에 행복감을 느낄 수 있는 거야."

줄 타는 사람이 사라지자 이윽고 모여 있던 사람들이 웅성거리며 빠져나가기 시작했다. 소년은 사람들 틈에 멈춰 서서 잠시 생각에 잠겼다.

"그럼 아저씨, 저편으로 건너가서도 행복하지 않을 수 있어요? 그렇다면 도대체 왜 나를 극복해야 하지요? 행복할지 안 할지도 모르는데 왜 그런 것에 애를 써야 하지요?"

"그건 내가 나를 극복해야만 내가 나 자신의 주인이 될 수 있기 때문이야. 다른 사람들이 만들어 낸 '이렇게 하면, 저렇게 하면'이 아니라 내가 오직 스스로 내린 결정에 따라 행동하기 위해서지. 그러니까 내가 만약 '그렇게 하면 너에게 좋으니 너를 극복해!'라든지 '그렇게 해야 네가 행복해질 수 있으니 너를 극복해!'라고 말한다면 그것은 순전히 거짓말이야. 네가 스스로 너를 극복하도록 선택하지 않는다면, 그래서 네가 너 자신의 주인이 되지 않는다면, 네가 행복감을 느끼더라도 그것은 진정한 행복이 될 수 없어. 네가 네 행복에 대해 확신할 수 없는데, 어떻게 그것을 진정한 행복이라고 할 수 있겠니?"

소년은 차라투스트라의 말을 잘 이해하지 못했다. 하지만 무언가 더 묻고 싶어도 어떻게 물어야 할지 떠오르지 않았다. 빌딩 앞을 빠져나가는 무리는 점점 더 늘어나, 차라투스트라와 소년은 이내 인파에 떠밀렸다.

"이만 돌아가야겠구나."

차라투스트라는 소년에게 아쉬움이 섞인 목소리로 말했다. 소넌은 고개를 저었다.

"아저씨, 아직 묻고 싶은 게 많은걸요. 초인이 되려면 어떻게 해
야 하지요?"

차라투스트라는 웃었다. 하지만 한순간 그의 얼굴에 두려움이
스쳐 지나갔다.

"내가 아직 네 이름도 묻지 않았구나."

"전 연수예요. 정연수요."

차라투스트라와 연수, 두 사람은 함께 북적이는 거리를 빠져나
와 걸었다.

연수의 이야기

차라투스트라와 만나기 하루 전날, 연수는 엄마와 싸웠다. 연수는 다음 날 형이 수학경시대회에 나간다는 것을 알고 있었다. 그래서 줄곧 학교에서 돌아오는 길에 "힘내", "시험 잘 보고 와" 같은 응원의 말을 웅얼웅얼 연습하며 집에 왔다. 연수는 기분 좋은 얼굴을 하고 더 힘차게 축하해 주어야 자기도 괜히 의기소침해지지 않을 거라고 생각했다. 하지만 집에 들어와 신발을 벗자마자 연습했던 말은 하나도 기억나지 않고 짜증부터 버럭 났다. 엄마가 연수를 보고 황급히 전화를 끊었기 때문이다. 엄마는 분명 전화기를 들고 누군가와 형 이야기를 하고 있었다. 입가에 웃음을 머금고 형의 시험을 걱정하는 엄마의 모습은 연수가 제일 싫어하는 것이었다.

엄마는 전화를 끊고 아무 일도 없었다는 듯 밝은 표정으로 연수를 맞이했다. 하지만 연수는 그 모습에 더 화가 나 문을 쾅 닫고 방으로 들어갔다. 엄마가 방으로 따라 들어왔다.

"왔어? 넌 왜 인사도 없이 들어가. 오늘 선생님이 30분 늦으신대.

옷 갈아입고 선생님 오기 전에 먼저 책 좀 보고 있어."

연수는 그날따라 아무 대답도 하고 싶지 않았다. 말을 하기 시작하면 더 화가 나 버려서 엄마에게 뭐라 퍼부을 것 같았다. 하지만 그런 기분을 엄마가 알아줄 리 없었다.

"왜 대답을 안 해!"

엄마는 언성을 높였다. 연수는 참기 싫은 기분이 되어 버리고 말았다.

"나 이제 과외 안 할래. 별로 도움도 안 돼. 잘 가르치지도 못한단 말이야."

엄마의 표정이 무섭게 바뀌었다.

"네가 안 그래도 내일 형 시험 때문에 엄마 마음 복잡한데, 왜 그래? 형은 오늘도 학원 가서 공부하잖아. 네가 학원에 가면 낮은 반 다녀야 한다고 찡얼거려서 과외 시켜 줬잖아. 과외 한 지 얼마나 됐다고 또 그래?"

'결국 또 내가 먼저 시작했지.'

연수는 속으로 생각했다.

'항상 그런 식이다. 나는 가만히 있는 엄마를 들쑤시는 애고, 형은 뭐든 묵묵히 잘하는 착한 형이다.'

연수가 아무런 대답도 없이 가만히 있자 엄마는 더 말하지 않고 문을 닫고 나갔다. 문 너머로 엄마의 불안한 발소리가 들렸다. 연수는 침대에 팔베개를 하고 누웠다. 친구들에게 오는 문자 소리가 드르륵 계속 울렸지만 어쩐지 꺼내 보기도 귀찮았다. 엄마의 발소리가 잠잠해졌다.

'안방에 들어가 또 아줌마들에게 전화하고 있을까? 내 흉을 보고 있을까? 아니, 어쩌면 내 이름은 꺼내지도 않을지 몰라.'

이렇게 생각하니 집에 오며 열심히 의연한 척하려고 했던 스스로가 참 우습게 느껴졌다.

'그런 게 다 무슨 소용이람.'

천장을 보고 있던 연수는 고개를 돌려 책장을 바라보았다. 연수의 방에는 커다란 책장이 두 개 있었다. 책장 하나에는 엄마가 가득 채워 놓은 문학 전집이 질서정연하게 꽂혀 있었고, 또 다른 책장에는 형에게서 물려받은 책과 교과서, 문제집이 중구난방으로 꽂혀 있었다.

'형은 저 책들을 다 읽었을까?'

연수는 엄마의 부적처럼 꽂혀 있는 형의 책들에서 제목을 하나씩 읽어 보았다. 그러다 문득 낡은 책의 제목이 눈에 들어왔다.

모든 사람을 위한, 그러나 어느 누구를 위한 것도 아닌 책

'모든 사람을 위하지만 그 누구를 위하지도 않는다니. 이게 무슨

말도 안 되는 제목이야.'

연수는 그렇게 생각하며 몸을 일으켜 세웠다. 어쩐지 호기심이
생겼다. 매일같이 침대에 누워 잠을 잤지만 이런 책이 꽂혀 있는지
몰랐다. 연수는 책을 꺼내 획 넘겨 보았다. 한 구절이 눈에 들어왔다.

"이것이 삶이던가? 그렇다면 다시 한번!"

역시 이상한 말이었다.

'다시 한번 인생을 산다면 더 잘 살 수 있다는 말인가? 그건 너무
당연한 소리잖아. 시험 정답도 알 수 있고, 내가 뭐가 될지도 알 수 있
고, 언제 죽을지도 알 수 있다는 거 아니야?'

연수가 이런 생각을 하고 있을 때, 과외 선생님이 초인종을 누르
는 소리가 들렸다.

'망했다.'

연수는 책을 덮으며 앞날개를 슬쩍 보았다. 거기에는 콧수염이
덥수룩한 남자가 움푹 파인 눈으로 어딘가를 응시하고 있었다. 사진
아래에는 '차라투스트라'라고 쓰여 있었다.

'진짜 이름일까? 그럴 리 없지. 이상한 사람이네.'

과외 선생님이 방으로 들어왔다. 반갑게 인사하는 선생님에게
연수는 꾸벅 고개를 숙였다. 엄마는 문 뒤에서 연수의 표정을 살피었
다. 연수는 고개를 획 돌려 책상 앞에 앉았다. 이내 방문이 닫히고 연
수는 책가방에서 문제집을 꺼내 펼쳤다. 선생님도 옆에 앉아 펜과 연

습장을 꺼내 들었다.

"선생님. 저, 물어보고 싶은 것이 있는데요."

"응? 뭔데?"

"차라투스트라 아세요?"

"응, 그럼 알지."

"그럼 그 책도 아세요? 모든 사람을 위하면서도 누구를 위하는 것도 아닌 책이라던가?"

"알지. 유명한 책이야."

"그 책은 어떤 책이에요? 그 차라투스트라라는 사람은 어떤 사람이에요?"

"글쎄, 선생님은 사실 제대로 읽어 본 적이 없어서…… . 공부 시작할까?"

"아, 네…… ."

연수는 턱을 괴고 앉아 선생님의 문제 풀이를 들었다.

'선생님도 제대로 읽어 보지 않은 책이 유명하긴 왜 또 유명하담.'

연수는 이렇게 생각했다.

'아마도 언어 영역에 나오는 소설들 같은 것일까?'

연수가 문제를 풀 차례가 왔다. 엄마는 조용했다. 온 집 안에서 연수의 연필이 사각거리는 소리만 들리는 것 같았다.

'엄마는 뭘 하고 있을까…… .'

과외가 끝나고 연수는 차라투스트라에 대해 까맣게 잊어버렸다. 학원이 끝난 형이 이내 집으로 돌아왔기 때문이다. 연수는 결국 저녁을 먹는 동안에도 준비했던 응원의 말을 형에게 하지 못했다. 엄마와도 말 한마디 나누지 않았다. 조용히 방으로 들어온 연수는 방문 밖으로 엄마와 형이 도란도란 이야기 나누는 소리를 들으며 괜히 천장만 바라보다 잠이 들었다.

아침이 되어 형과 엄마는 일찍 시험장으로 향했다. 문밖으로 부산스런 소리가 났지만 연수는 이불을 쓰고 누워 있었다. 바깥이 조용해지자 밖으로 나온 연수는 집 이곳저곳을 둘러보았다. 어제 형이 공부하느라 펼쳐 놓은 책, 막 일어나 나가고 난 뒤 흐트러진 이불, 화장실에 남아 있는 습한 기운……. 어쩐지 오늘따라 우리 집이 아닌 것만 같았다.

식탁을 보니 엄마가 꺼내 놓은 반찬이 꽃 모양 덮개에 덮여 있었다. 연수는 밥솥에서 밥을 주걱으로 퍼 담아 밥을 먹기 시작했다. 약간 식은 계란말이가 무척 맛있었다. 밥을 다 먹고 연수는 우성이에게 문자를 보냈다.

'뭐 하냐.'

우성이의 답이 느리다. 연수는 반찬들 뚜껑을 덮어 냉장고에 넣고, 소파에 옆으로 누워 팔을 괴었다. TV를 틀어 보니 뉴스에서 오늘 어떤 남자가 똑같이 생긴 두 건물 사이를 줄 하나에 의지해 건넌다는 이야기를 하고 있었다.

'왜 저런 걸 하지?'

연수가 의아해하는 찰나 우성이에게 답장이 왔다.

'이제 일어남.'

연수는 우성이에게 오늘 줄타기를 보러 가지 않겠냐고 물었다.

'귀찮.'

우성이의 답을 보자 연수는 어쩐지 더 가 보고 싶었다. 이 남자는 도대체 무엇을 위해 목숨 걸고 이런 공연을 하는지 갑자기 호기심이 일었다. 그래서 우성이에게 '그러지 말고 가자'고 문자를 다시 전송하며 추리닝에 슬리퍼를 신은 채로 밖으로 나갔다.

2

행복을
약속한다면

우성이는 결국 오지 않겠다고 했고, 연수는 차라투스트라를 만났다. 어제 잠시 보고서는 까맣게 잊고 있었던 그 책에서 본 사람. 책날개의 사진 속에서처럼 여전히 덥수룩한 수염을 달고 움푹 파인 눈을 한 그 사람을 만난 것이다.

　연수와 차라투스트라, 두 사람이 큰 빌딩 사이를 빠져나오자 무슨 일이 있었냐는 듯 여느 때와 똑같이 도시의 일상이 흘러가고 있었다. 버스 정류장에는 사람들이 연신 부채질을 하며 서 있고, 정류장의 커다란 전광판에는 늘씬한 모델이 향수를 들고 지나가는 사람들을 정면으로 바라보고 있었다. 차라투스트라와 연수는 북적이는 거리를 떠나 한적한 골목으로 들어갔다.

　"연수는 행복이라는 게 뭐라고 생각하니?"

　차라투스트라가 물었다.

　"음, 전 일단 수학 시험에서 단 한 번만이라도 만점을 받아 봤으면 좋겠어요."

"꽤 어려운 행복이구나."

차라투스트라는 웃었다.

"거의 불가능할걸요……."

연수는 의기소침한 표정을 지었다. 차라투스트라는 입가에서 웃음을 거두고 연수를 바라보았다.

"왜 만점을 맞으면 행복할까? 그런 생각 해 본 적 있니?"

"엄마도 좋아할 거고, 친구들도 부러워할 거고……."

연수는 잠시 망설이다 대답했다.

"나도 기쁠 거예요."

"하지만 생각해 봐. 만약 네가 단 한 번도 수학 공부가 즐거운 적이 없었다면 말이야. 오직 만점이라는 달콤한 열매를 얻기 위해 그전까지 지겨운 고통 속에서 공부해 왔다면 말이지. 너는 만점을 얻어야만 행복할 수 있고, 단 한 점이라도 덜 얻는다면 스스로 자책하고 불행에 빠지게 될 건데, 그래도 그것만이 너에게 행복을 줄 수 있다고 생각하니?"

"그것만은 아니지만…… 그래도 만점을 맞으려면 공부를 그만큼 해야 하잖아요."

연수는 대답했다.

"그럼, 누군가 대신 네 시험을 봐 주고 만점을 맞았어. 아니면 네가 커닝을 할 수도 있지. 그렇다면 너는 행복할까? 네가 혼자 풀었으면 틀렸을 문제가 뭔지도 알 수 없고, 그래서 아마도 영원히 그 문제를 스스로 풀 수 없게 될지도 모르는데 말이야."

연수는 망설였다.

"다른 사람한테 들키지만 않는다면 행복할 수도 있을 것 같아요."

"하지만 이미 너 자신에게 들켰지 않니? 그러니까 결국 너는 만점을 맞고 싶은 것이기보다는, 방법이 잘못되었든 아니든 다른 사람들에게 만점 맞는 것을 보여 주어야만 행복한 것 아니겠니?"

"그럴지도 모르겠어요……."

연수는 부끄러워졌다.

"그건 네 잘못이 아니야. 내가 말하고 싶은 것은, 많은 사람이 행복을 찾아낸 것처럼 말한다는 거지. 그런 사람들이 만점을 맞으면 행복해질 거라고 너에게 은연중에 심어 놓았을 거야. 하지만 그들은 네가 만점을 맞고 또 1등을 하고 난 뒤에는 좋은 곳에 취직하라고 할 테고, 돈을 많이 벌라고 할 테고, 자식 낳아서 너처럼 공부 잘하게 만들라고 할 테지. 그들은 언제나 네가 가질 수도 있는 몇 가지 가치를 만들어 놓고 너의 행복을 설명하려 들 거야. 그리고 그것을 갖지 못한 사람들을 손가락질하고 너에게 '저것 봐, 얼마나 불행한 삶이니'라고 동정 어린 눈빛으로 말하겠지. 네가 강하지 않다면, 넌 언제나 두려움에 떨게 될 거야. 조금이라도 미끄러지면 너도 언제든 손가락질받을 테니까.”

“아저씨 말이 뭔지 알겠어요. 그러니까 그런 물질적인 것이 행복을 가져다주지 않는다는 말이지요?”

“물질적인 것뿐일까? 네가 떠올리는 것은, 가족 간의 화목함이나 가난해도 명예로운 삶 같은 것 아니니?”

“네, 사실 그런 이야기는 귀에 못이 박이게 들었어요.”

연수는 웃었다.

“그래. ‘마음이 가난한 자에게 복이 있나니’. 그들은 그렇게 말하면서 네 욕망을 없애 버리려고 하지. 처음부터 그 무엇도 원할 수 없게 말이야. 하지만 아무것도 원하지 않는 상태, 그래서 불행도 없는 상태, 그것이 행복일까?”

연수는 고개를 저었다.

“불행하지 않다고 해서 행복한 것은 아닌 것 같아요.”

연수는 이렇게 답하고 잠시 생각하더니 말했다.

“하지만 불행한 것보다는 불행하지 않은 게 더 낫지 않나요?”

“더 나은 것……. 나는 그렇게 생각하지 않는단다. 나는 행복하지 않은 인간들이 고안해 낸 것이 바로 ‘더 나음’이라고 생각해. 나는 그들을 ‘최후의 인간’이라고 부른단다. 그들이 계속해서 발명해 내는 ‘더 나은 것’을 보면, 죽음을 향해 달려가고 있는 전차에 올라탄 사람들 같아. 그들은 언제나 마약 같은 행복의 마취제를 맞고 있지만, 한 순간도 진정으로 행복할 수 없지."

"행복의 마취제요?"

"그래. 최후의 인간은 무엇이든 열심히 해. 공부도 열심히 하고, 일도 열심히 하고, 돈도 열심히 벌지. 권태로운 시간을 견딜 수 없기 때문이야. 하지만 그런 시간을 견딜 수 없는 자는 왜 내가 공부를 하는지, 왜 일하고 돈을 버는지 영원히 알지 못하고 안락한 죽음을 맞이할 뿐이야. 모든 것이 부질없이 느껴져서 이 지겨움을 어떻게 견뎌야 할지 모르게 되면, '내가 남들과 조금 달라지려 해'라고 생각하게 되고 벌벌 떨면서 정신 병원에 스스로를 감금하게 되지. 다시 '더 나은 것'을 손에 쥐어야 하니까."

연수는 차라투스트라의 말에 고개를 끄덕였다. 자신이 바라는 행복이란 결국 그런 것일지도 모르겠다고 생각했기 때문이다. 하지만 동시에 연수의 머릿속에는 이제까지 행복하다고 느꼈던 기억들이 떠올랐다. 엄마의 맛있는 밥을 먹던 기억, 달리기 시합에서 반 아이들을 모두 제치고 달렸던 기억, 할아버지가 계시는 시골집에서 형과 나란히 누워 배 안으로 솔솔 들어오는 바람을 맞았던 기억 같은 것들. 연수는 그 모든 기억도 진짜 행복이 아니었을까 봐 걱정스럽기 시작했다. 하지만 차라투스트라가 단호히 그것도 행복이 아니라고 말할까 봐 무서워 차마 입을 떼지 못했다.

차라투스트라는 연수의 표정을 읽었다. 그는 연수의 마음이 자연스러운 것임을 알고 있었다. 하지만 그는 연수가 스스로 답을 찾기를 바랐다. 그래서 조금 돌려서 이야기를 들려주기로 했다.

"난 오늘 이 도시에 나에게 도움을 청하는 몇 사람을 만나러 왔단다. 그런데 집에서 막 나서는 길에 한 노인을 만났지. 노인은 내가여기 간다는 이야기를 듣고는 나를 말렸어. 그는 천장 높은 자기 집에서 신을 사랑하며 살아가는 것이 더 가치 있다고 생각했기 때문이야. 하지만 그는 그곳에 너무 오랫동안 머무는 바람에 신이 죽었다는것을 알지 못했어."

"신이 죽었다고요? 신도 죽나요?"

연수는 깜짝 놀랐다.

"그래, 신은 죽었다. 신이 죽고 신이 이제까지 우리에게 보장해주었던 안락한 행복의 나라도 함께 파멸했지."

"신이 죽을 수도 있다는 게 너무 이상해요. 신은 영원히 산다고배운 것 같은데…… 신이 어떻게 죽지요?"

"신이 그런 존재였을지도 모르지. 하지만 신은 죽음을 피할 수없었단다. 왜냐하면 신을 죽인 것이 인간이었기 때문이야."

"인간이 신을 죽였다고요?"

연수는 또 한 번 깜짝 놀랐다.

"그래, 신을 죽인 건 우리 인간들이란다. 인간은 더 이상 신이 동정하는 것을 참을 수 없게 되었어. 왜냐하면 동정이란 오직 위에서 자기 자신보다 낮은 자들에게만 베풀 수 있는 것이거든. 인간은 더이상 아무 이유 없이, 우리가 직접 저지른 잘못도 없이 가엾고 불쌍한 자들이 되고 싶지 않았던 거야."

"그럼 신은 언제 죽었어요? 아니, 인간이 신을 언제 죽였어요?"

믿을 수 없다는 듯 연수는 다시 한번 물었다.

"네가 태어나기도 전에 일어난 아주 오래된 일이란다. 그런데 왜 너는 아직도 신이 영원불멸한 존재라고 알고 있을까? 사람들은 왜 아직도 그런 신에 대한 이야기를 만들어 내고 있을까?"

"잘 모르겠어요. 신한테 미안해서일까요?"

연수는 고개를 절레절레 저으며 대답했다.

"하하하. 재미있는 생각이구나. 신에게 미안해서 신이 죽었다는 사실을 감춘다……. 하지만 인간들끼리는 속일 수 있어도 신에게 당신이 죽었다는 사실을 숨길 수는 없을 것 같구나."

차라투스트라가 웃으며 말하자 놀라 굳어 있던 연수의 표정이 조금 풀렸다.

"난 아직도 많은 이들이 신이 죽지 않았고 또 영원히 살아 있을 거라고 믿는 것은, 여전히 천국을 믿고 싶기 때문이라고 생각해. 신이 죽으면 신의 왕국도 사라지고 말 테니까. 인간들은 진정한 행복만이 있는 천국을 믿고 싶어 하지. 그런 천국이 있어야 거기에는 존재하지 않는 현실 세계의 고통이 진정한 고통이 아니라고 생각할 수 있으니까. 천국의 행복을 얻을 수 있다면, 지금 이 힘겨움은 짊어질 만한 의미 있는 것이 될 테니까."

"어른들이 대학교에 들어가면 실컷 놀 수 있다고 하는 것처럼요?"

연수의 질문에 차라투스트라는 웃음을 터트렸다.

"그렇지. 그렇게 말하는 어른들은 교묘한 조건을 감추고 있어. '좋은' 대학교에 들어가야 하고 그만큼 노력하지 않으면 안 된다는 조건. 천국도 다르지 않아. '마음이 가난한 자에게 복이 있나니'. 천국에 가야 하고 그러려면 더 많은 삶의 짐을, 그것도 웃으면서 지어야 하지. 이곳에 오는 길에 만난 노인은 나에게 정 사람들을 만나려거든 그들의 짐을 함께 나누어지라고 충고했어. 그렇게 하려면 나는 지금 너의 푸념을 들어 주고, 위로해 주고, 삶이란 다 그런 거라고 말해야겠지. 아니면 너에게 용돈을 얼마 쥐여 줄 수도 있을 거야. 하지만 나는 그렇게 할 수 없단다. 왜 그런지 알겠니?"

"잘 모르겠어요. 그냥 소용없는 일이라서요? 아저씨가 저 대신 시험을 봐 줄 수도 없고, 취직시켜 줄 수도 없고 그러니까."

"그래, 비슷해. 하지만 소용이라고 말한다면 그 말에는 반대하고 싶구나. 나를 네가 평생 놀아도 될 만큼 보살펴 주는 사람이라고 생각해 봐. 시험을 잘 보지 않아도 되고, 취직하지 않아도 되게 말이야. 그렇다면 너의 짐이 덜어지는 걸까? 그렇지 않아. 그 짐은 스스로 내려놓지 않으면 절대로 덜어지지 않는단다. 그래서 신은 인간에게 당장 짐을 내려놓을 수 있도록 하기보다는, 천국의 행복을 약속하고 등에 진 짐을 즐겁게 질 수 있도록 했어. 아무리 무거운 짐이라도 새털처럼 느껴지게 말이야."

"하지만 그것은 그저 착각이라는 말이네요?"

차라투스트라와 연수가 걸으며 이야기하는 동안 그들은 빌딩 숲을 지나 골목을 가로질러 공원에 다다랐다. 탁 트인 공원이 나타나자 연수는 기분이 상쾌해졌다. 두 사람은 조그만 나무 벤치에 앉아 한층 멀어진 도시를 바라보았다. 사람들은 자신들이 매일매일 더 높이 쌓아 올린 저 빌딩 사이로 아직도 분주하게 걸어 다니고 있을 것이다. 고요하고 평화로운 이 공원 벤치에서는 상상이 되지 않는 치열함. 멀리 보이는, 뜨겁게 달구어진 아스팔트 길 위로 아지랑이가 피어나고 있었다.

"그래, 그것은 환각일 뿐이야."

차라투스트라는 이렇게 말했다.

3

모두가
부러워하는 삶

연수는 곰곰이 행복에 대해 생각해 보았다.

'차라투스트라 아저씨의 말대로라면 내 행복도 모두 이 하기 싫은 것들을 좀 더 견디게 해 주는 착각에 불과했을까?'

연수가 고민에 빠져 있는 사이, 차라투스트라는 벤치에 앉아 다시 내리쬐는 태양을 정면으로 올려다보고 있었다.

'태양은 자기가 비추어 줄 것이 없다면 행복할 수 없어.'

그는 이 말을 다시 곱씹고 있었다. 그리고 이 작은 소년이 자신을 만나 모든 것이 다 부질없다고 생각하게 된다면, 그것만큼 불행한 일은 없다고 생각했다.

"아까도 말했지만 나는 오늘 몇 사람을 만나기로 했단다."

차라투스트라는 이렇게 말하며 연수의 표정을 살폈다.

"괜찮다면 너도 함께 가겠니?"

"누구를 만나러 가는데요?"

차라투스트라는 손을 들어, 걸어온 방향 반대편 높은 빌딩들 사이에 있는 허름해 보이는 건물을 가리켰다. 커다란 현수막에 사진이 걸려 있고 '국회의원 김기중 사무실'이라고 적혀 있었다.

"저 사람을 만날 거야."

"네? 제가 가도 되는 건가요?"

"그럼. 나를 기다리고 있을 거야. 이제 일어날까?"

차라투스트라가 태연하게 말하며 일어서자 연수는 갑자기 심장이 뛰었다. 하지만 덜컥 겁이 나면서도, 이대로 집으로 돌아가 엄마와 형을 기다리며 혼자 괴로워하고 싶지는 않았다. 차라투스트라는 벌써 성큼성큼 공원을 가로질러 걷기 시작했다. 연수는 일어나 그를 따라 종종걸음으로 걸었다. 김기중이라는 사람의 얼굴에 점점 가까워질수록 연수의 심장은 더 빠르게 뛰었다.

김기중 의원의 사무실에 들어서자 연수는 깜짝 놀랐다. 비좁고 낡은 사무실에 사람들이 가득 앉아 웅성거리고 있었기 때문이다. 현수막에 있던 남자는 제일 구석에서 누군가와 진지한 얼굴로 이야기를 나누고 있었다.

"내가 떠나려고 하는 것은 바로 그 좋은 예절로부터야. 그대들이 상류 사회라고 부르는 것으로부터지. 내가 이제껏 해 온 일에 자부심을 느끼지 않는 건 아니야. 그대들에게 감사하지 않는 것도 아니고. 하지만 나는 이미 예전의 모습을 잃어버렸네."

"의원님, 그래서 차라투스트라 같은 사람과 만난다는 말이에요?"

"지금의 나는 그저 가면을 쓴 인형일 뿐이야. 아무리 금박을 입힌 커다란 상패를 갖다 놓아도, 내 얼굴에 분을 덕지덕지 발라 사진을 찍어 놓아도 그 사실은 변하지 않아. 내가 아무리 그런 척한다고 해도 이제 더 이상 소용없어. 그러니까 더는 그런 소리로 나를 설득하려고 하지 마. 난 이제 그만 자네도 떠났으면 좋겠네."

김기중의 이야기를 듣고 있던 사람은 슬픈 표정을 지었다. 그러나 연수는 어쩐지 그의 표정이 과장된 것 같았다. 차라투스트라는 두 사람의 대화가 별로 대수롭지 않은 듯 성큼성큼 그들에게 다가갔다. 김기중은 그제야 차라투스트라를 발견하고 일어나 악수를 청했다.

"어서 오세요. 먼 걸음 해 주셨습니다."

차라투스트라는 김기중과 가볍게 악수를 하고 맞은편 의자에 앉았다. 그 옆에 쭈뼛쭈뼛 따라 앉는 연수를 발견하고 김기중이 물었다.

"이분은 누구신가요?"

"제 동행입니다. 정연수라고 합니다."

차라투스트라가 소개하자, 김기중은 다시 의자에서 일어나 연수에게 악수를 청했다.

"차라투스트라 선생님의 동행이시라니, 정말 반갑습니다. 저는 김기중이라고 합니다."

연수는 얼떨결에 벌떡 일어나 고개를 푹 숙이다가 다시 고개를 들어 김기중의 손을 맞잡았다. 김기중은 연수에게 자리에 앉으라고 손짓하며 물었다.

"연수 군은 차라투스트라 선생님의 제자신가요?"

"네? 아, 아니에요."

연수는 주춤거리며 자리에 앉다가 당황하여 대답했다.

"제자라기보다는 말 그대로 저의 동행이지요. 저와 함께 걷고 있는 친구입니다."

차라투스트라가 입가에 웃음을 머금고 말했다. 그리고 이내 김기중 쪽으로 몸을 고쳐 앉으며 말했다.

"그나저나 참 재미있는 일입니다. 김 의원 같은 사람이 대체 무슨 소용인가 생각해 왔는데, 바로 그 자신에게서 똑같은 소리를 듣게 되다니요. 기쁘기도 하고 이전의 내 생각에 용서를 구하고 싶기도 하군요."

차라투스트라가 이렇게 말하자 김기중 옆에 안절부절못하고 앉아 있던 자가 매섭게 노려보았다.

"당신의 글을 보지 않았다면 생각의 길을 잃어버렸을지도 몰라요. 오래전 나는 내가 이 나라를 위해, 다른 사람을 위해 일하고 있다고 생각했습니다. 그리고 이 나라를, 이 나라 사람들을 바른길로 인도하는 법도 알고 있다고 생각했지요. 이 방에 있는 사람들을 보세요. 이들이 나를 그렇게 생각하도록 만들었습니다. 나는 내가 바로 정의이고 도덕이라고, 내가 하는 일이 바로 정의롭고 도덕적인 것이라고 생각했지요. 어쩌면 나는 꽤나 그런 사람이었을지도 모르겠습니다. 사람들이 내 주변으로 열심히 모여들었으니까요."

김기중은 쓸쓸하게 웃었다. 연수는 그 표정이 차라투스트라와 조금 닮은 것 같다고 생각했다.

"그럴수록 내 사무실은 더 커지고 반짝거리기 시작했습니다. 나는 아마도 이것이 내가 원한 것인지도 모른다고 생각했지요. 더 큰 힘을 얻으면 그 힘을 우리나라를 올바르게 만드는 데 쓸 수 있으니까요. 하지만 어느 날 아침 사무실에 들어서는데, 갑자기 무척 낯선 느낌이 들었어요. 이곳이 나의 공간이었던가, 무척 당혹스러웠습니다. 그래서 저는 당장 더 소박한 이곳으로 사무실을 옮겼습니다. 아내에게 부탁해 10년 전에 입던 옷을 꺼내 입고요. 하지만 보세요. 사람들은 그대로예요. 여전히 북적이고 나를 찾습니다. 다만 달라진 것은 사람들이 이제 나에게 가르침을 주려고 한다는 것입니다. 이렇게 더 밑으로 내려가서는 안 된다고……."

"그래서 저에게 연락했군요."

차라투스트라는 말했다.

"그랬습니다. 하지만 당신은 참 적이 많은 사람이더군요. 그들이 진정 당신의 책을 읽어 보았는지조차 모를 정도로."

"내가 그들이 진실이라고 믿고 싶어 하는 것을 모두 파괴해 버리니까요."

차라투스트라는 이렇게 말하며 연수를 보았다. 연수는 조금 긴장이 풀린 상태로 앉아 있었다.

"그래요. 정말 그랬습니다. 사람들이 말하는 당신은, 이렇게 말해도 될지 모르겠지만 악마 같았어요. 그들에게 당신은 사람들을 광기에 휩싸이게 하거나 죽고 싶게 만드는 사람이었어요."

"나는 신이 죽었다고 말했지요. 실제로는 이미 죽은 지 오래되었는데, 아무도 신이 죽었다는 사실을 알고 싶어 하지 않았을 뿐이지만요."

차라투스트라는 웃으며 답했다. 연수는 차라투스트라가 자기에게도 같은 말을 했던 것을 떠올렸다. 연수는 한번도 신에 대해 생각해 본 적이 없어서, 신이 없다는 것이 그렇게 사람들을 미치게 만들었음을 이해하지 못했다.

"사람들은 당신이 신이 없는 세상뿐만 아니라, 지켜야 할 도덕이 아무것도 없는 세상을 원한다고 했습니다. 그런 세상에서 우리는 미치광이처럼 제멋대로, 그러니까 말 그대로 살육도 전쟁도 모두 그 자체로 정당화시키면서 제멋대로 살거나, 아무런 의미도 없는 이 세상을 버리는 것밖에는 방법이 없겠지요. 그래서 내가 당신의 책을 읽고 있을 때, 여기 있는 사람들을 포함해서 내가 아는 모두가 나를 미쳐가는 사람이나 우울증 환자처럼 보았습니다⋯⋯."

김기중은 이렇게 말하며 옆에 못마땅한 표정으로 앉아 있는 남자를 쳐다보았다. 그리고 이내 힘주어 말했다.

"하지만 나는 당신의 책을 다 읽었어요. 당신의 책 한 구절 한 구절 모두 나의 눈과 귀를 찔러 댔습니다. 그래서 나에게 경고하는 이들에게 '그게 무슨 상관이란 말인가!'하고 소리를 질러 댔습니다. 모두 나를 더욱 미친 사람이라고 생각했는지도 모르겠어요. 그래서 오늘 당신을 모셨습니다. 당신이 이들을 감화시켜 주지 않아도 좋습니다. 그저 내가 당신과 함께 있는 모습을 보여 주고 싶었어요."

"그렇다면 이만 돌아가겠습니다."

차라투스트라가 이렇게 말하자 김기중과 연수, 그리고 옆에서 화난 표정으로 지켜보고 있던 사람도 모두 놀라 그를 쳐다보았다.

"당신의 생각은 내 생각과 같아질 수 없습니다. 내 생각이 당신의 생각과 같아질 수 없듯이요. 당신은 당신 자신의 가치를 위해 살아가야 할 뿐, 나는 당신에게 어떤 동의할 만한 것도 말씀드릴 수 없습니다. 더더구나 내가 함께 있는 모습을 보여 주는 것으로 다른 이들에게 마치 그럴 수 있는 것처럼 속임수를 쓴다면, 그것만큼 내가 할 수 없는 일도 없습니다."

차라투스트라는 이렇게 말하며 자리에서 일어섰다. 연수는 너무 당황하여 어쩔 줄 모르고 차라투스트라와 김기중 두 사람을 번갈아 쳐다보았다.

"그러지 마시고 앉으시지요. 죄송합니다. 제가 뭔가 오해하게 했나 봅니다. 저는 그저 당신이 얼마나 옳은 사람인지 보여 주고 싶었을 뿐입니다."

김기중은 차라투스트라를 따라 일어나 간곡한 목소리로 말했다. 그러자 김기중 옆에 앉아 있던 사람이 더는 못 참겠다는 듯 소리쳤다.

"그만하세요, 김 의원님! 대체 왜 이러십니까? 저희 생각도 해 주셔야지요."

그러자 사무실에 있던 모든 사람이 일제히 조용해지더니 말소리에 집중하기 시작했다.

"나는 내가 잘못한 것에 대해 사과하고 있을 뿐이네."

김기중이 말했다. 차라투스트라는 마치 아무것도 듣지 못한 듯 김기중을 응시하며 답하기 시작했다.

"저는 아무것도 오해하지 않았습니다. 당신이 나에게 동의하고 내가 당신에게 동의하는가, 사실 그건 별로 중요한 문제도 아닙니다. 더 중요한 것은 당신이 당신을 위해 싸울 준비가 되어 있는가 하는 것입니다."

"무슨 말씀이신지……."

김기중은 아무것도 이해하지 못한 듯 얼버무리며 말했다.

"당신은 일생을 자기 자신을 위해서가 아니라 다른 사람을 위해서 살아왔다고 했지요. 그런데도 번쩍번쩍한 사무실을 갖게 되었다고요. 저는 올바른 것을 향한 당신의 마음 자체를 의심하고 싶지는 않습니다. 누군가를 위해 싸우는 것은 무엇보다도 숭고해 보이겠지요. 당신이 진실로 그렇게 믿으리라는 걸 압니다. 하지만 그것은 그럴듯한 착각입니다. 때때로는 아주 나쁜 착각이지요."

"그 말씀은 제가 제 이익을 위해 투쟁하면서 다른 사람의 이름을 대고 있다는 것입니까? 제가 위선을 떨고 있다는 이야기를 하시는 겁니까?"

김기중의 얼굴에 분노와 슬픔이 겹쳐졌다. 연수는 그의 표정이 진심인 것 같았다. 차라투스트라가 이제 그만하고 돌아갔으면 좋겠다고 생각하면서도, 자기와 대화할 때와 너무 다른 모습에 무슨 말을 하려고 저렇게 날카로운 표정을 짓고 있을까 싶었다.

"나는 당신이 진실하다고 믿습니다. 물론 아닐 수도 있을 거라고 생각은 합니다. 사실 어느 쪽이든 그건 저의 관심사가 아닙니다. 다른 사람의 이름 뒤로 숨어서 잃어버리게 되는 김 의원의 이름, 그것이 제가 관심을 가지는 바입니다. 다른 것 뒤로 숨는 것은 위선 때문도, 무책임 때문도 아니라 자기와의 싸움을 잃어버리고 찾는 안락함 때문에 문제인 것입니다."

차라투스트라는 눈에 띄게 차분해진 목소리로 이렇게 말했다.

"'내 이름을 걸고 무언가를 하는 것', 당신은 누구보다도 이것이

가지는 막중한 책임감을 알고 있겠지요. 당신의 이름을 걸고 출마하고, 당선하고, 이곳에서 당신만 바라보는 사람들과 함께 일하고……. 하지만 당신의 이름으로 책임져야 하는 그 모든 것 뒤에 은밀하게 숨겨져 있는 것은, 바로 다른 사람의 이름입니다. 당신이 다른 사람을 위해 일하고 있다는 사실, 그 숭고한 사실이 당신이 당신을 위해서만 일했다면 손가락질받을 수도 있는 모든 것들로부터 당신이 숨을 수 있도록 해 준다는 겁니다. 지금 여기 모여 당신을 위해 일하는, 당신의 이름 뒤에서 일하는 사람들과 마찬가지로 말입니다."

"아…… 무슨 말씀을 하시는지 이제야 알겠습니다, 이제야."

김기중은 탄식하듯 말했다. 하지만 김기중의 옆에 앉아 있던 사람은 더 이상 참지 못하겠다는 듯 벌떡 일어나 사무실 밖으로 나갔다. 사람들은 그제야 다시 웅성거리기 시작했다.

"그럼 저는 이만 일어나겠습니다."

차라투스트라는 나지막이 이렇게 말하고 일어서려고 했다. 그런데 웅성거리던 몇몇 사람이 김기중에게 다가왔다. 차라투스트라와 김기중, 그리고 연수는 사람들에게 이내 둘러싸였다.

"의원님! 이게 대체 무슨 일입니까?"

"이 인간이 대체 무슨 소릴 하는 겁니까?"

"무슨 일을 꾸미는 거요?"

"의원님은 혼자가 아니라는 것을 명심하셔야 합니다!"

사람들은 저마다 자기 말을 뱉어냈다. 그 가운데는 거의 협박 조의 목소리도 있었다. 차라투스트라는 어쩔 줄 몰라 하고 있는 연수의 어깨를 잡아 주었다. 그리고 여전히 나지막한 목소리로 김기중을 향해 말했다.

"더 할 이야기가 있으시다면 오늘 저녁 우리 집으로 초대하겠습니다. 그럼 이만."

차라투스트라는 연수와 함께 유유히 사무실을 빠져나갔다. 김기중은 차라투스트라의 말에 답하지 못하고 사람들에게 붙들려 하나하나 해명 아닌 해명을 하려고 애쓰고 있었다.

사무실을 빠져나오자 차라투스트라는 연수에게 정중히 사과했다.

"미안하구나, 연수야. 이런 일이 있을 거라고 예상하지 않은 것은 아니지만…… 내 욕심이 과했어."

차라투스트라가 이렇게 말하자 연수는 고개를 저었다.

"괜찮아요."

정말로 연수는 괜찮았다고 생각했다. 조금 두근거리기는 했지만 이상하게 흥분되기도 했다. 하지만 여전히 차라투스트라의 태도는 의아했다.

"그런데 저 아저씨를 왜 그렇게 다그치셨어요? 나쁜 사람처럼 보이지는 않는데……."

"응, 김 의원은 좋은 사람이야. 모두가 부러워하는 삶 그 자체일지도 모르지. 신념에 따라 행동하면서도 모든 것을 자기 발밑 아래 두어 보았을 테니. 돈을 많이 벌고, 명예를 얻고, 그야말로 사람들이 말하는 여러 기준에 부합하는 삶이지."

차라투스트라가 이렇게 말하자 연수는 또 의아한 기분이 들었다.

"잘 모르겠어요. 오늘 본 모습은 그리 행복해 보이지 않았는걸요."

"그래. 내가 행복은 부수적인 것이라고 했을 때, 그건 행복하지 않아야 한다는 것이 아니었단다. 행복이 목표가 될 수 없다는 것이지. 김 의원은 자기 삶에서 어떤 중요한 한순간을 맞은 모양이야. 모든 것이 거짓되고 부질없다는 생각에 빠진 거지. 하지만 그건 아무리 겉모습을 바꾸고 흉내 내도 사라지지 않아. 어떤 식으로든지 말이야. 더욱더 화려하게 치장하고 자기 아래 있는 사람들을 짓밟아도, 반대로 모든 것을 깨달은 자처럼 흉내 내도 말이지. 자기 자신과 대면하지 않으면 모든 것은 하나의 연극에 지나지 않아. 자기 자신과 대면했을 때, 그래서 더 높은 인간이 되고자 했을 때 행복은 따라올 뿐이야."

"그래서 그렇게 다그치신 거군요. 이제야 알겠어요."

"나는 김 의원이 어떤 쪽으로든 흉내 내는 삶을 선택하지 않기를 바랐단다. 그가 나 때문에 더 좌절해서 이전 모습으로 돌아간다고 해도 그건 내가 어쩔 수 있는 일이 아니야. 나는 내가 할 수 있는 것들을 할 뿐이지. 너에게는 아직도 미안한 마음이 들지만……."

두 사람이 이렇게 대화하고 있을 때, 누군가 차라투스트라의 발밑으로 지팡이를 쑥 내밀었다. 차라투스트라는 연수를 보며 걷다가 하마터면 탁 걸려 넘어질 뻔했다. 차라투스트라가 놀라 바라보니 거기에는 머리도 수염도 덥수룩한 한 남자가 냄새나는 꾀죄죄한 옷을 입고 앉아 있었다.

"나를 기억하고 있나? 그대를 만난 지도 벌써 10년이 흘렀군. 그동안 하나도 변하지 않았네. 자네도, 나도."

지팡이를 휘두른 남자가 차라투스트라를 노려보며 한쪽 입꼬리를 들어 올렸다. 차라투스트라는 움푹 파인 남자의 눈을 똑바로 쳐다보았다.

"언젠가 제집에 오신 적이 있지요. 알고 있습니다. 모든 것이 변했지만 당신의 눈동자는 여전하군요."

"흥, 뭐가 변했다는 거야. 모든 것은 똑같아. 하나도 달라진 게 없지. 아무 데서도 보람을 찾지 못한 것은 나만이 아닐 텐데!"

"그렇지 않습니다. 10년 전의 저와 지금의 저는 다른 사람입니다. 어제의 저와 지금의 저도 그렇지요. 게다가 오늘은 한 신사와 함께 있습니다."

연수는 남자를 향해 꾸벅 인사를 했다. 연수는 일부러 차라투스트라의 발을 향해 지팡이를 휘둘러 놓고는 사과 한마디 없는 남자가 너무도 이상했다. 그런데 어쩐지 그의 눈은 차라투스트라의 깊은 눈과 닮아 보였다.

"세계는 더 이상 아무 의미가 없어. 아니, 처음부터 그랬지. 세계에 의미가 있었던 적은 한 번도 없었어. 그런 세계에 대해 알고 싶어 떠돌아다니는 그대가 뭘 찾게 되었겠나? 그저 스스로 목을 조를 뿐이지. 사실 아무것도 없는데, 자네가 아직 발견하지 못한 것처럼 생각하고 말이야."

남자는 지팡이를 바닥에 탁 짚으며 일어나 차라투스트라와 연수 앞에 섰다.

"자네는 아직도 자네의 여정이 행복하다고 착각하고 있나? 내가 보기에 자넨 마른 땅 위에 나룻배를 올려놓고 노를 젓고 있을 뿐이야. 이 의미 없는 세계를 떠나지도 않고 삶을 여정이라고 부르고 있는 거지. 무슨 말인지 알겠나? 노를 젓는다고, 마른 땅 위에서!"

차라투스트라는 그의 말을 듣고 나지막이 웃었다.

4

마른 땅 위에서
행복을 찾는 일

연수는 지팡이를 바닥에 탁탁 두드리고 서 있는 남자에게서 멀리 떨어져 있고 싶었다. 냄새도 나고 지나가는 사람들이 힐끔힐끔 쳐다보는 것도 싫었다. 하지만 차라투스트라는 그런 것 따위는 전혀 개의치 않는 것처럼 보였다. 연수가 남자에게서 슬금슬금 멀어지며 차라투스트라 뒤로 숨자, 남자는 갑자기 일어나 연수의 손목을 홱 낚아채었다.

"뭐, 뭐 하시는 거예요?"

연수가 놀라 물었다. 남자는 아랑곳하지 않고 코를 쿵쿵거리며 연수의 냄새를 맡았다. 그러고는 다시 연수의 손을 놓아 주었다.

"순수함이란 말이지, 차라투스트라. 자네가 찾고 있는 것이 바로 이런 건가?"

"10년 전에는 무례하지 않으셨던 것 같은데요. 사과하시지요. 이 친구는 연수라고 합니다. 정연수라는 아이지요."

"흥, 그깟 게 대수라고? 언젠가 저 아이에게도 나처럼 악취가 나게 될걸. 자네가 찾는 건 모두 허사야."

남자가 이렇게 말하자 차라투스트라의 표정이 점차 굳어졌다.

"그만 가 보겠습니다. 오늘 가야 할 곳이 많습니다. 언젠가 당신에게도 어린아이의 기쁨이 찾아오기를."

"자네, 자진해서 거지가 된 자의 이야기를 들었나?"

차라투스트라가 인사하자 남자는 재빨리 말했다. 차라투스트라는 떠나려던 발걸음을 멈추었다.

"그대도 아는 사람이었지. 막대한 재산을 내던지고 자진해서 거지가 된 그자 말이야. 그자는 자신의 재산과 부유함을 부끄럽게 여겨 가장 가난한 자들에게로 가고자 했지."

"그랬지요. 하지만 그들은 그자를 받아들이지 않았지요."

차라투스트라는 이렇게 말하며 쓸쓸한 표정을 지었다.

"그래, 기억하고 있군. 그는 오직 베풀고 싶었을 뿐인데 말이지. 가난한 자들은 그자의 가난을 받아들이고 싶지 않았어. 자신들의 가난은 미처 알지도 못하고서."

남자는 한쪽 입꼬리를 들어 올리고 무서운 표정으로 말했다.

"마음이 가난한 자에게 복이 있나니, 그는 그렇게 생각했겠지요. 부자는 천국에 갈 수 없으니까요."

차라투스트라는 차분하게 대답했다.

"그런데 가난한 자들도 마찬가지였지. 이글거리는 탐욕, 지독한

마른 땅 위에서
행복을 찾는 일

4

질투, 비뚤어진 복수심, 천박한 오만이 그들을 지배하고 있었어. 가난한 자들에게서도, 부유한 자들에게서도 천국에 갈 수 있는 사람을 찾을 수 없었지."

"그래요. 저는 그의 절망을 보았습니다."

"그 뒤에 그가 어찌 되었는지 아나?"

"아니요. 그 이후엔 만나지 못했습니다."

"그는 숨어 버렸어. 더 이상 이 도시엔 나타나지 않는다네. 그는 자신의 책을 읽고 또 읽고 되새김질하는 자들과만 대화하고 그들과만 어울리며 살고 있네. 언젠가 그를 한번 찾아간 적이 있지. 그는 나에게 자기들과 함께하지 않으면 천국에 갈 수 없다고 했네. 천국 말이야! 아직도 그런 이야기를 하고 있는 모양이더군."

남자의 무서운 표정이 절망하는 표정으로 바뀌었다.

"애석한 일입니다."

차라투스트라는 여전히 차분한 표정으로 답했다.

"그래, 헛된 희망이지. 거짓된 희망을 품고 이 땅에 평화가 찾아왔다고 착각하는 거야. 그런데 말이야. 그자가 선택한 방식이 자네가 이 아이를 데리고 다니는 것과 뭐가 다르지? 자네는 정말 이 아이에게 자네의 그 소중한 책을 되새김질하게 할 건가? 이 아이는 곧 나처럼 악취가 나게 될 거야. 모든 것을 의심하게 되겠지. 어떤 선택도 의미 없다면, 선택해야 할 이유가 있을까?"

남자가 연수를 가리키며 언성을 높이자 연수는 당황하여 내가 여기까지 따라온 것이라고, 차라투스트라에게는 아무런 잘못도 없다고 대신 변명하고 싶었다. 그리고 나는 데리고 다니는 아이가 아니라 정연수라고 말하고 싶었다. 하지만 차라투스트라가 연수보다 먼저 답했다. 그의 목소리는 여전히 차분했다.

"그럴지도 모르지요. 태양이 비추는 곳에는 언제나 그림자가 있을 수밖에 없으니까요. 하지만 연수는 연수만이 할 수 있는 선택을 하고, 그 선택으로부터 의미를 찾아 나갈 겁니다. 왜냐하면 저는 연수에게 무거운 생각을 멀리하고 행복만을 좇으라고 말하지 않았으니까요. 고통을 선택하는 법 또한 알려 줄 거니까요. 그것이 제가 선택한 마른 땅 위에서 노를 젓는 방법입니다."

"흥, 고통을 선택하는 사람은 바로 나야. 자신을 속이는 법만큼 쉬운 것이 있다고 생각하나? 머리가 좋은 사람일수록 자기를 더 잘 속이는 법이지. 나는 나를 속이지 않아. 세상이 의미 없다는 것을 있는 그대로 바라보기로 선택한 거라고. 나는 슬픔이 파도처럼 몰아치는 바다로 가기를 선택한 사람이야. 나만큼 고통에 대해 아는 사람이 있을 거라고 생각해? 행복의 섬은 더 이상 존재하지 않아. 있다고 해도 고립된 섬에서 모두가 피 터지는 자리싸움을 하고 있을 뿐이야!"

남자는 흥분하여 말을 쏟아 내었다.

"행복하라는 명령만큼, 고통을 느끼라는 명령도 어리석은 일입니다. 저는 당신에게도 아무것도 강요하고 싶지 않습니다. 저는 오직 우리가 자기 자신으로 있을 때만 선택하고, 행동하고, 그에 따라 행복을 느낄 수 있다는 것을 말하고자 했습니다. 고통도 마찬가지죠. 먼 훗날 행복을 보장하기 때문에 고통을 선택하는 게 아니라, 내가 나 자신으로 있기 위해서 고통을 선택하는 것입니다. 그런 고통만이 견디기 즐거운 달콤한 고통이지요."

"흥! 나가서 고통받고 있는 자들에게 그런 소리 해 보라고!"

남자는 버럭 화를 내며 소리쳤다.

"그렇게 말씀하실 줄 알았습니다. 물론 그리 현실적인 사람처럼 보이지는 않겠지요. 하지만 그건 낯설기 때문일 뿐입니다. 저는 모두에게 익숙한 이야기를 하고 싶지 않습니다. 한 번도 그러기를 원했던 적이 없지요. 다만……."

차라투스트라는 이렇게 말한 뒤 잠시 생각에 잠기었다. 그리고 이내 말했다.

"다만 비유를 하나 해 보겠습니다. 바닷가에서 노는 어린아이를 생각해 보세요. 파도가 밀려와 어린아이의 장난감을 깊은 바닷물 속으로 가져가 버리면 어린아이는 슬픔에 잠기겠지요. 하지만 파도는 이내 아이에게 새 장난감을 가져다주고, 알록달록한 새 조개를 쏟아 놓을 것입니다. 어린아이는 파도가 새 장난감을 줄 것을 알았을까요? 그렇지 않습니다. 만약 그랬다면 아이는 새 장난감과 이전에 가지고 있던 장난감을 함께 가지고 놀고 싶지 않을까요? 아이가 새 장난감을 보고 즐거운 것은 아이에게 순진한 '망각의 힘'이 있기 때문입니다. 매번 새로운 놀이를 할 수 있는 힘이지요. 저는 그런 삶의 방식, 삶의 힘을 이야기하는 겁니다."

"흥, 그래서 이런 꼬마 아이를 데리고 다니는 건가? 자네가 말하는 초인이 기껏 파도가 주는 장난감에 기뻐하는 어린아이란 말이야?"

"당신은 똑똑한 사람입니다. 절대 무언가를 잊는 법이 없지요. 당신은 남들보다 더 잘 기억하고, 그래서 온 세계에서 일어나는 무의미한 일들에 대해 샅샅이 기억하고 있을 겁니다. 모든 것이 다 똑같이 무의미하다고 말할 수 있을 정도로요."

"그래! 그 어떤 것도 새로운 것은 없어. 뭐든지 반복될 뿐이야. 결국 다 똑같아. 사람이 변한다는 것도, 세계가 움직이고 있다는 것도 거짓말이야. 결국 하얀 눈으로 뒤덮이게 되어 있다고. 모두 똑같이 말이야. 겨울은 우리가 원하지 않아도 언제나 돌아온다고."

"그래서 당신에게 없는 것이 바로 망각의 힘이라는 겁니다. 망각할 수 있는 자만이 언제나 새로운 기쁨을 맛보지요. 나는 내가 선택한 길 위에서 매일매일 한걸음 내디디고 그때마다 다른 사람이 됩니다. 나는 어제의 나와 다른 사람이지요. 오늘의 즐거움은 어제 맛보았던 즐거움과 다릅니다."

"그럴듯한 소리를 지껄이고 있군."

"순전한 비유라고 생각하시겠지요. 하지만 어제의 나를 벗어 버리지 않으면 오늘의 나는 만날 수 없습니다. 그것만큼은 진실입니다. 매일 새로운 가치를 창조하는 일은, 당신처럼 모든 것을 기억하고 머릿속에 담아 두어 다 소유했다고 믿는 자들에게는 일어날 수 없습니다. 이것 역시 엄연한 진실이지요."

"그럴듯한 소리라고! 내 말 알아들었나? 내가 더 이상 회의에 빠지지 않으려면 어떻게 해야 하지? 자네는 자진해서 거지가 된 자도 포기한 이 세상에서 내가 의미를 찾도록 해 줄 수 있다고 말하는 건가?"

"그는 아직 포기하지 않았습니다. 다만 아직도 그가 믿는 신의 말씀처럼 자신의 이웃을 사랑하고 있을 뿐이지요. 저는 그에게도, 당신에게도 어떤 것도 해 줄 수 없습니다. 그건 연수에게도 마찬가지지요. 어떤 것을 대신 해 주는 것, 대신 이루어 주는 것은 제가 할 수 있지도 않지만 해서도 안 되는 것입니다. 그것이 제가 믿는 바이지요. 당신이 회의와 절망의 파도에 휩쓸릴 때 저는 슬퍼할 것입니다. 그럼에도 저는 제가 믿는 바를 믿고 있습니다. 당신도 스스로 헤엄쳐 나오기를 바랄 뿐입니다."

남자는 아직도 화가 잔뜩 난 표정을 짓고 씩씩거렸다. 하지만 더는 아무 말도 하지 않았다. 차라투스트라는 남자를 한참 동안 바라보다 이내 말을 꺼냈다.

"오늘 저녁 우리 집으로 오십시오. 더 할 이야기가 있으시다면 그때 했으면 좋겠습니다. 오늘은 만나야 할 사람이 아직 많이 있습니다, 그럼."

차라투스트라는 연수와 함께 남자로부터 멀어져 걸어갔다. 하지만 남자는 아무 대답도 하지 않고 서 있었다. 연수는 남자의 멀어져 가는 뒷모습을 돌아보며 그가 오늘 저녁에 차라투스트라의 집에 오지 않을 것 같다고 생각했다.

차라투스트라와 연수는 말없이 한참을 걸었다. 차라투스트라는 연수를 걱정하고 있었다.

'나와 함께 걷는다는 것은 나와 함께 모든 금지된 것, 더없이 고약한 것, 아득히 먼 곳으로 걸어 들어간다는 것이다.'

차라투스트라는 이렇게 생각했다. 그때 무언가 생각에 빠져 있던 연수가 그에게 물었다.

"아저씨, 아까 국회의원 아저씨한테 자기만을 위해서 싸우라고 했잖아요?"

"그랬지."

차라투스트라가 대답했다.

"그럼 그건 이기적인 거 아니에요? 그리고 또……."

"또?"

"아까 이상한 아저씨한테는 망각? 그런 다 잊어버리라는 이야기를 하셔서……."

차라투스트라는 진지하게 고개를 끄덕였다.

"저는 항상 부모님 말씀 잘 들어야 하고, 친구에게 양보해야 하고…… 그런 소리만 들어 왔거든요. 그게 딱히 틀린 말이라고 생각하지도 않았고요. 그런데 그런 건 다 잊어버리고 하고 싶은 대로만 하고 살면……."

"무슨 말인지 알겠구나. 나도 방금 그런 생각을 하고 있던 참이지."

차라투스트라가 대답했다.

"사람들은 도덕이라는 걸 그렇게 생각하지. '이것을 해야 한다, 저것을 하지 말아야 한다'고 말이야. 어떤 지켜야 하는 명령이나 법 같은 것이고, 그것에 복종하지 않으면 누군가에게 벌을 받거나 불행해진다고 생각하지. 하지만 난 도덕이 있다면 그건 오직 '어떤 금지된 것도 두려워하지 않는다'는 것뿐이라고 생각한단다. 어떤 벌이 두려워서, 불행해질까 두려워서 억지로 지켜야 하는 게 아니라 어떤 것도 두려워하지 않고 행할 수 있는 것, 오직 내 기준으로만 판단하는 것이 바로 진정한 도덕이라고 말이야. 이건 아주 위험한 발상이지. 너에게 금지된 것들, 그러니까 네가 방금 말했듯이 별달리 틀린 말이 아닌데도, 부모님 말씀을 어기거나 친구를 때려서 뭔가를 뺏을 수도 있는 걸 전부 허락한다고 말하는 것이기도 하니까."

연수는 고개를 끄덕였다.

"그럼에도 불구하고 난 아까 그자에게 어떤 숭배도, 경계도, 우상도 내가 소망하는 바를 금지할 수는 없다는 것을 말하고 싶었어. 다만 그 소망을 내가 만든 한에서 말이지. 다른 사람이 만들어 놓은 가치에 따라서 살고자 하는 사람에게는 해당되지 않아. 무슨 말인지 알겠니?"

"다른 사람이 만들어 놓은 가치요? 그러니까 아까 저한테 말씀하신 것 같은, 공부 열심히 해서 좋은 데 취직하고 돈 많이 벌고 하는 거요?"

"그래, 그런 것이지. '더 나은 것' 말이야. 그런데 그게 왜 '나의 소망'이 될 수 없는지 알겠니?"

"잘 모르겠어요……. 엄마는 저한테 공부 열심히 하고 돈도 많이 벌어야 하고 싶은 것도 할 수 있다고 말씀하시는걸요."

"연수야, 그 모든 것들 말이야. 학교에서 선생님이, 그리고 부모님이 말하는 좋다고 하는 것들을 전부 잊어버리고 네가 가장 원하는 것이 무엇인지 한번 생각해 보겠니? 지금 당장 원하는 것이어도 좋고, 얻으려면 오래 걸리는 것이라도 좋아."

연수는 열심히 고민해 보았다. 햄버거를 먹으면 좋을까? 학교에 안 가고 실컷 놀면 좋을까? 그러다 시험 보러 간 형이 생각났다. 형이 시험을 망치면 좋을까? 아니야, 그렇지만 역시 나도 시험을 잘 보면 좋겠다. 연수는 이런 결론에 다다랐다. 하지만 이것은 차라투스트라가 말한 것처럼 모든 것을 잊고 생각한 결과 같지는 않았다.

"잘 모르겠어요."

결국 연수는 이렇게 대답했다.

"그래, 어려운 질문이지. 생각해 보면 우리는 다른 사람을 질투하는 감정 없이는 도통 무언가를 원하지 않는 것 같기도 해."

차라투스트라가 이렇게 말하자 연수는 뜨끔했다.

"나는 네가 어떤 소망을 가져야 할지 정해 줄 수는 없어. 누구도 너에게 어떤 소망을 가지라고 정해 줄 수 없지. '무엇을 소망해야 한다'고 말하는 순간, 그건 옳고 그름의 판단이 되기 마련이야. 해야 하는 것과 하지 말아야 할 것을 구분하는 거니까. 우리의 소망에 옳고 그름의 잣대를 댈 수 있을까? 만약 그렇다면 그런 잣대를 대야 하는 건 오직 자신뿐이야. 하지만 자기 자신만의 잣대라는 것도 쉽지 않아. 다른 사람에 대한 질투나 원한의 마음으로부터 떠나기가 쉽지 않기 때문이야."

연수는 고개를 끄덕였다.

"그리고 아까도 말했지만 나만의 잣대라는 건 일종의 범죄가 될 수도 있겠지? 도덕과 공동체를 깨트리는 범죄를 꿈꿀 수도 있으니까. '아무것도 참된 것은 없고, 뭐든지 허용된다.' 내가 이렇게 말하는 순간, 인간들이 모여 힘들게 세워 놓은 믿음과 가치가 무너져 내리고 마는 거지. 그러면 사람들은 착한 사람에 대한 믿음을 잃어버리고 어떤 부끄러움도 느끼지 않게 될 거야. 비록 잃어버리는 것이 착한 사람의 순진함, 고상한 '거짓 순진함'일지라도 말이야."

"거짓 순진함이요?"

"그래. 우리가 아까 만났던 김 의원 같은 사람이 그런 사람 아닐까? 난 그가 선하지 않다고는 생각하지 않아. 다만 그 사람이 자기 자신의 잣대를 세우기 위해 싸우는 것이 아니라고 생각할 뿐이지. 아까도 말했지만 그건 아주 어렵고 위험한 일이야."

차라투스트라는 이렇게 말한 뒤 잠시 생각에 잠겼다. 연수는 차라투스트라의 말을 조금씩 이해할 수 있을 것 같았다.

"그럼 아까 그 무례한 아저씨는요? 그 아저씨는 정말 자기 마음이 가는 대로 살고 있는 것처럼 보였는데…… 그 아저씬 자기 잣대대로 사는 건가요?"

"그 사람은 다른 사람이 만들어 놓은 모든 가치, 그러니까 행복이나 희망 같은 것이 헛되다고 생각했어. 그래서 한때는 새롭고 강력한 가치를 원했지. 그도 열정으로 가득했던 적이 있단다. 하지만 결국 다른 사람이 만들어 놓은 가치를 증오하는 데서 빠져나오지 못했어. 자신을 가두는 수많은 가치를 버릴 뿐만 아니라, 그 가치에 대한 증오까지도 잊어버려야 새로운 가치를 세울 수 있는데도 말이야."

마른 땅 위에서
행복을 찾는 일

4

"아까 말한 어린아이 같이요?"

"그래, 맞아. 파도 앞에서 놀고 있는 어린아이처럼 망각의 힘을 갖지 않는다면 나만의 가치, 나만의 잣대를 세울 수 없어. 내 배에 있는 돛의 방향을 정할 수 있는 건 오직 나뿐이란다. 그런데 그 방향을 어떤 것에 대한 증오로부터 정하게 되면, 그건 내 배가 나아갈 방향을 항상 어떤 것의 반대로만 정한 것과 다름없지. 그러면 늘 도망만 치게 되는 거란다."

"그럼 모든 걸 잊어버리기만 하면 되는 건가요?"

연수는 어쩐지 잊어버린다는 건 다른 것보다 무척 쉽게 느껴졌다. 항상 머릿속에 시험 문제와 정답을 욱여넣느라 고생하기만 했지, 뭘 잊어버리려고 애써 본 적은 없었기 때문이다.

"그렇지만 그건 참 어려운 일이란다. 무엇을 잊는다는 것 말이야. 내가 알던 어떤 사람은 언젠가 '내 마음대로 살아야지. 그렇지 않으면 아예 살지 않겠어'라고 마음먹었어. 모든 것을 잊어버리고 자신의 잣대로만 살겠다고 결심했지. 하지만 그는 자신이 원하는 것이 무엇인지 결국 알지 못했어. 자신이 원하는 것은 무엇이든 할 수 있는 상태가 되었는데, 아무것도 원할 것이 없게 되어 버린 거지."

"왜 그렇게 된 건데요?"

"모든 곳에 도착할 수 있을 때 돛은 갈피를 잃어버린단다. 정처 없이 방랑하면 목표마저 잃어버려서 급기야는 감옥이 차라리 행복하다고 여기게 돼. 편히 자고 안전을 누리는 것이 얼마나 소중한 것인가 하고 말이야. 다른 이에게 기대고 싶고, 스스로 선택하고 싶지 않게 되어 버리지."

"어려워요. 그러니까 모든 것을 잊으면서도 목표는 잃으면 안 된다는 건가요?"

"그래, 그게 바로 망각의 어려운 점이지. 다른 사람들이 만들어 놓은 가치에 따라 선택해서도 안 되고, 그에 대한 증오나 질투로 선택해서도 안 돼. 그 모든 것을 잊어버리고 오직 내 배가 나아갈 방향을 나 스스로 정해야 하지. 자신이 어디로 가는지 아는 자만이 어떤 바람이 좋고 순풍인지도 아는 법이야."

연수는 고개를 끄덕였다. 하지만 너무 어려운 문제였다. 다른 사람들이 만들어 놓은 것, 그러니까 차라투스트라 아저씨가 '더 나은 것'이라고 부르는 것 말고 나는 어떤 목표를 세울 수 있을까? 저 무례한 아저씨처럼 모든 것이 다 의미 없다고 화만 내게 되는 건 아닐까?

"그런데 저분은 오늘 저녁에 결국 안 오실까요?"

연수가 물었다. 연수의 물음에 차라투스트라는 조용히 미소 지어 보였다.

"내 생각엔 올 것 같구나."

"왜요? 아까 돌아보니 꼼짝도 안 하고 서 계셨는걸요."

"나에게 쏟아붓고 싶은 말이 아직 많을 거야."

차라투스트라는 다시 웃어 보였다.

"그런데 연수야. 나는 또 만날 사람이 있어. 전철을 타고 몇 정거장 가야겠구나. 이번에도 함께 가겠니?"

연수는 잠시 주머니에 있는 휴대 전화를 만지작거렸다. 진동이 오는 것을 몇 번 느꼈기 때문이다. 분명 엄마일 것이다. 잠시 망설이던 연수는 주머니에서 손을 빼고는 차라투스트라를 올려다보며 고개를 끄덕였다.

5

이것이 삶이던가?
그렇다면 다시 한번!

전철 안은 사람들로 붐볐다. 귀에 이어폰을 끼고 고개를 흔들흔들하는 청년도 있었고, 아이의 옷을 다시 여미고 있는 어머니도 있었고, 신문을 반으로 접고 또 반으로 접어 멀찌감치 들고 읽는 아저씨도 있었다. 연수는 자리에 앉아 엄마의 부재중 전화가 찍힌 휴대 전화를 보며 전화를 걸어 볼까 생각했다. 차라투스트라는 맞은편에 앉아 연수 뒤로 전철이 지상으로 올라가 강을 건너는 모습을 보았다. 지하에 있던 열차가 탁 트인 바깥으로 나오자 찬란한 햇살이 쏟아져 연수의 머리카락을 반짝였다.

　'그것이 어떤 결과를 가져오든 햇살이 빛난다는 사실에는 변함이 없다. 조용하고 편안한 어둠도 그저 어둠일 뿐이다. 위대한 정오. 이글거리는 해가 가장 높이 떠 있는 시간, 그 시간이 바로 진리의 시간이다.'

　차라투스트라가 이런 생각에 골몰하는 사이, 열차의 옆 칸에서 커다란 가방을 멘 남자가 건너왔다. 그는 한 자리가 비어 있는 것을 보고는 그 자리 앞에 서서 가방을 벗어 발아래로 내려놓고 앉았다. 연수는 커다란 가방이 옆 사람에게 피해를 줄까 조심조심하는 그의 과장된 몸짓이 인상 깊어 유심히 쳐다보았다. 그는 커다란 가방에서 조심스레 두꺼운 책을 꺼내 무릎에 올렸다. 무릎에 놓인 책의 책갈피 곳곳에는 색색의 테이프가 붙어 있었다. 그는 그중 하나를 집더니 책을 잘 잡고 펼쳐서 몇 번 고개를 끄덕이며 읽어 내려갔다. 입은 소리를 내지는 않았지만 웅얼웅얼 쉴 새 없이 움직였다.

열차는 몇 정거장을 더 지났다. 연수는 그를 유심히 보다가 어느새 차라투스트라가 자기 앞에 와 섰는지도 몰랐다.

"다음 정거장에서 내리면 되겠어."

차라투스트라가 이렇게 말하자 연수는 고개를 끄덕이며 일어났다.

열차는 이내 역에 도착했다. 두 사람은 전철에서 내려 지상으로 향하는 계단을 올랐다. 꽤 많은 사람이 계단을 오르고 있어서 두 사람은 가끔 멈춰 서기도 했다. 그런데 갑자기 쿵 하고 차라투스트라의 등 뒤에 누군가 부딪혔다. 차라투스트라가 뒤돌아보자 부딪힌 사람이 얼른 사과했다.

"죄송합니다. 제가 잠시 다른 생각을 하다 앞에 사람이 있는 줄 모르고……."

사과를 하는 사람은 아까 커다란 가방을 메고 옆 칸에서 옮겨 탔던 바로 그 사람이었다. 연수는 놀라 그를 쳐다보았다. 그의 손에는 여전히 두꺼운 책이 반쯤 펼쳐진 채로 들려 있었다. 그런데 허둥지둥 사과하던 사람이 고개를 들어 차라투스트라의 얼굴을 보고는 깜짝 놀랐다.

"아니, 차라투스트라 선생님이 아니십니까?"

차라투스트라도 그의 얼굴을 알아보며 반갑게 웃었다.

"아, 이제하 씨군요."

"선생님이 여기까지 어쩐 일이십니까?"

"조윤수 교수가 만나자고 해서 잠시 들르는 길입니다."

차라투스트라가 이렇게 말하자 이제하의 얼굴이 갑자기 어두워졌다. 차라투스트라는 그의 표정을 살피더니 모른 체하며 함께 걷자고 손짓했다.

"이 친구는 정연수라는 친구입니다."

차라투스트라는 사람들에게 방해되지 않게 걸으며 연수를 소개했다.

"아, 안녕하세요."

연수는 꾸벅 인사했다.

"차라투스트라 선생님의 새 학생이신가요? 정말 반갑습니다."

이제하라는 사람은 걸으면서 연수에게 악수를 청했다. 연수도 걸으며 악수를 했다.

전철 역을 빠져나오자 역사 안처럼 붐비지는 않았지만 캠퍼스로 향하는 대학생들이 삼삼오오 모여 걷고 있었다. 연수는 신기한 듯 그들을 바라보았다.

'저 아저씨 가방처럼 저 형들이 메고 있는 가방엔 내 교과서와는 다른 책들이 들어 있겠지.'

그렇게 생각하니 호기심과 우울한 마음이 함께 들었다. 연수가 이런 생각을 하는 사이, 차라투스트라와 안부를 주고받던 이제하가 말했다.

"선생님, 저는 요즘 시간이란 무엇인지에 몰두하고 있습니다. 선생님께서는 오래전 학회에서 우리가 어제, 오늘, 내일을 어제, 오늘, 내일이라고 부른다고 해서, 각각의 시간이 이름 붙일 수 있는 것은 아니라고 하셨지요. 당시에는 도통 이해할 수 없었지만 이제 조금 알 것 같습니다. 아, 그러고 보니 연수 학생은 이게 무슨 말인지 알겠습니까?"

"아, 아니요."

연수는 갑작스러운 물음에 당황하며 고개를 저었다.

"어젯밤 열두 시부터 오늘 밤 열두 시까지를 우리는 하루라고 부릅니다. 이것은 수치로 나타낼 수 있는 객관적인 시간이지요. 그 하루라는 단위로 어제는 어제라고, 오늘은 오늘이라고, 내일은 내일이라고 부릅니다. '오늘 난 차라투스트라 선생님과 만났어'라는 것처럼

이것이 삶이라면?
그렇다면
다시 한번!

말이죠. 그런데 수치화된 시간은 정말 완벽하게 객관적이라고 할 수 있을까요? 그러니까 무슨 말이냐면 말이지요. 연수 학생이 어떤 날은 학교에, 학원에, 과외에 온종일 시달렸다고 해 봐요. 그리고 어떤 날은 가을 소풍을 가서 하루 종일 신나게 친구들하고 놀았고요. 그럼 연수 학생은 두 하루가 똑같이 느껴질까요? 친구들과 신나게 놀고 난 날은 하루가 너무 짧았다고 느껴지지 않을까요?"

"그럴 것 같아요."

"그럼에도 시간의 본성이 셀 수 있는 것이라고 말할 수 있을까요?"

이제하가 다시 이렇게 묻자 연수는 곰곰이 생각해 보았다.

'그럼 하루, 이틀, 사흘, 이렇게 세는 것은 그냥 사람들끼리 편리하게 정해 놓은 걸까? 사실 시간은 내가 긴 것 같다고 느끼면 긴 거고, 짧은 것 같다고 느끼면 짧은 건가?'

연수는 곰곰이 생각해 보아도 잘 몰라서 다시 물었다.

"저, 그럼 시간이라는 게 사실 우리 마음에 따라서 달라지는 건가요?"

"똑똑한 학생이군요!"

이제하는 감탄하며 소리쳤다.

"하지만 제가 생각한 게 그런 건 아닙니다. 아우구스티누스[1]는 그런 식으로 생각했을지 모르지요. '과거란 현재의 기억이고, 현재란 현재의 직관이며, 미래란 현재의 기대이다'. 연수 학생은 들어 본 적 있나요? 어제는 기억되는 현재이고, 미래는 기대되는 현재라는 겁니다. 그럴듯하지요. 우리는 '과거나 미래라는 게 존재하는가?' 하는 문제에 쉽게 대답할 수 없어요. 왜냐하면 '있다면 어디에 있는가'라고 묻게 되기 때문이에요. 현재는 바로 지금이니까 여기 있다고 금방 대답할 수 있겠는데, 도무지 과거나 미래는 어디 있는지 대답하기가 어렵습니다. 아우구스티누스는 이것을 우리의 마음에 있는 현재라는 하나의 시간으로 합쳐서 해결합니다. 미래는 아직 없는 현재가 되고, 과거는 이미 없는 현재가 되는 거지요. 이렇게 시간을 완전하고 통일적인 하나의 체계로 설명해 냅니다. 너무도 매력적인 이야기 아닙니까?"

이제하는 감동적인 표정을 지었다. 하지만 이내 고개를 저으며 말했다.

"정말 매력적이지만 저는 동의할 수 없어요. '과거와 미래가 존재하는가'라는 문제는 해결되었을지 모르지만, 정말로 시간이 우리 자신이 기억하고, 직관하고, 기대하는 것이라고만 생각할 수는 없기 때문이죠. 기억하고, 직관하고, 기대하는 건 우리 의식이 하는 거잖아요? 아우구스티누스는 시간을 우리 의식 안에 있는 것으로, 의식을 소유할 수 있는 것으로 보는 거예요. 기억이 곧 시간이고 또 기대가 곧 시간이라면, 우리 의식이 시간 그 자체겠지요. 내 의식은 내 것이니까, 시간도 곧 내 것으로 생각하게 되는 거지요."

"그게 왜 문제가 돼요? 기억하는 만큼은 저의 것이고 저의 기억인 건 아무리 생각해도 맞는 것 같은데……."

연수가 물었다.

"그렇게 생각할 수 있죠! 하지만 문제는 그런 생각에 감춰져 있는 은밀한 충동이에요. 우리 인간에게는 삶을 한 권의 위인전처럼 만들고자 하는 아주 자연스러운 욕망이 있죠. 연수 학생은 달걀을 품고 앉아 있는 호기심이 에디슨을 발명가로 만들었다고 생각하나요? 우리는 그런 식의 인과관계로 우리 인생을 구성하는 데 모자람이 없다고 생각합니다. 어머니가 어렸을 적 해 준 칭찬이 지금 이런 직업을 가지게 해 주었다거나, 선생님의 따끔한 가르침을 계기로 훌륭한 사람이 되었다거나. 그렇지 않습니까? 하지만 정말 이런 설명으로 충분할까요? 우리가 시간을 우리 안에 가지고 있다면, 그렇게 과거와 미래를 하나의 완벽한 추리소설처럼 인과관계로 구성해 낼 수 있을 겁니다. 현재를 과거의 결과로 생각하고, 현재를 미래의 원인으로 만드는 것이죠. 하지만 그건 그냥 설명할 수 없는 것을 설명하고 싶어 하는 하나의 충동일 뿐입니다. 우리 인생을 인과관계로 설명하는 건 불가능해요!"

연수는 고개를 끄덕였다. 어렴풋이 이해할 것도 같았다. 오늘 연수는 충동적으로 줄 타는 사람을 보러 집을 나왔고, 차라투스트라를 만났던 것이다. 이제하는 양손의 엄지와 검지로 자신이 입고 있는 옷을 집어 보이며 말을 이었다.

"몇 가지만 시도해 보아도 충분히 알 수 있어요. 오늘 나는 왜 이 옷을 입었을까요? 차라투스트라 선생님을 만날 거라는 사실을 알아서? 아, 이 옷은 예전에 차라투스트라 선생님을 처음 뵈었던 학회에 갔을 때 입었던 옷이거든요. 물론 저에겐 옷이 몇 벌 없기는 합니다만, 어쨌든 저에게 비상한 예지 능력 같은 것이 있지는 않지요. 그런데 '오늘 선생님을 만나게 되려고 이 옷을 입었나 보다' 하고 저 자신도 습관적으로 이렇게 생각하던 참이란 말입니다. 이것은 과거와 현재를 인과관계로 구성하려고 하는 아주 자연스러운 충동이지요. 하지만 진실이 아니에요. 이것은 우리 자신을 속이고 남을 지배하는 수단으로 사용됩니다. 무슨 말인지 알겠나요?"

"지배하는 수단이요? 그러니까 에디슨처럼 닭을 품고 앉으라는 건 아니지만 호기심을 가져야 훌륭한 사람이 된다, 뭐 그런 것이 강요에 불과하다는 말씀이시지요?"

연수는 이렇게 말하며 이전에 공원에서 나누었던 차라투스트라와의 대화를 떠올렸다. 그리고 이제하라는 사람은 자꾸 나를 학생이라고 부르기는 하지만, 차라투스트라와 비슷한 면이 있구나 생각했다.

"선생님, 아주 똑똑한 학생이군요!"

이제하는 차라투스트라를 보며 껄껄 웃으며 말했다. 하지만 차라투스트라의 표정은 좋지 않았다. 이제하는 신이 나서 계속 말을 이었다.

"그렇습니다! 우리가 가진 기억을 소유할 수 있다고, 내 것이라고 말하는 순간 우리는 이런 문제에 빠질 수밖에 없지요. 이렇게 저렇게 시간을 조합해서 '이게 원인이고 이게 결과야' 하는 거지요. 단지 개인의 문제만이 아니에요. 인간은 역사에 기록된 것들을 조합해서 이렇게 저렇게 무수히 원하는 방향으로 조작하지요!"

차라투스트라는 두 사람의 대화를 지켜보며 오묘한 표정으로 말을 꺼냈다.

"그렇다면 제하 씨는 시간이 무엇이라고 생각합니까?"

"선생님, 저는 선생님의 책 구절을 거의 외우다시피 하고 있습니다. '우리 뒤쪽으로 기나긴 오솔길이 나 있고 그 길은 영원으로 통한다. 또 우리의 바깥으로 기나긴 오솔길이 나 있고 그 길도 영원으로 통한다. 그 두 길이 여기 입구에서 만난다. 이 입구의 이름이 바로 순간이다.' 정확하지는 않지만 제가 기억하는 바로는 이렇게 쓰신 것으로 알고 있습니다."

"네, 제가 그렇게 썼지요. 거의 토씨 하나 틀리지 않은 것 같군요."

"저는 이 구절을 몇 번이고 곱씹었습니다, 최근까지도요. 제가 발견한 것은 선생님께서 우리 뒤쪽으로 기나긴 오솔길이 나 있고 그 길이 영원으로 통한다고 하신 것은, 우리의 과거에 어떤 시작이 있지 않음을 이야기하신다는 겁니다. 우리 바깥으로 난 기나긴 길, 미래도 그렇지요. 어떤 종말이 있어서는 안 된다고 생각하신 것 같았습니다."

"그랬지요. 우리가 알 수 없는 세계의 시작과 끝이 있다고 말하면, 그것을 알 수 없는 인간들 위에 그걸 알고 있는 신이 있다고 생각하지 않을 수 없으니까요."

차라투스트라가 이렇게 답하자 이제하는 기분 좋은 듯 말을 이었다.

"선생님은 시간을 '무한한 과거와 미래가 현재라는 입구에서 만나는 것'이라고 설명하시지요. 그런데 과거와 미래가 모두 무한하다면, 과거와 미래가 만나는 모든 입구 역시 무한해야 할 것입니다. 그러니까 모든 입구, 모든 순간은 과거와 미래를 연결하는 무한한 연결점입니다. 모든 무한한 순간이 그러하다면 모든 연결점은 하나의 원환을 이루지 않을 수 없습니다. 단 하나의 예외도 없으니까요. 시간은 더 이상 직선이 아닙니다! 저는 진리의 곡선을 깨달은 것입니다! 하나의 원을 이루고 있는 시간 말입니다!"

말을 마친 이제하는 스스로 감동한 표정을 지었다. 그러나 차라투스트라의 표정은 다시 어두워졌다.

"그렇습니까……."

"봄, 여름, 가을, 겨울이 가면 반드시 봄이 돌아오는 것처럼요! 학생, 알겠습니까?"

이제하는 연수의 어깨에 손을 올리며 물었다.

"저, 그런데 선생님. 직선도 무한히 늘어날 수 있지 않은가요? 어, 그러니까 양옆으로요."

연수는 과거도 무한하고 미래도 무한하다는 건 알겠는데, 왜 그 것이 동그라미여야 한다는 것인지 잘 이해가 가지 않아 물었다.

"그렇다면 과거와 미래가 만나는 입구가 아닌 어떤 순간을 가정 하게 됩니다. 조금 어려운가요? 제가 한번 그려 볼게요."

이제하는 등 뒤에 메고 있던 커다란 가방을 길바닥에 철퍼덕 내 려놓더니 그 안에서 노트와 연필을 꺼냈다. 그리고 몇몇 선들을 쓱쓱 그렸다.

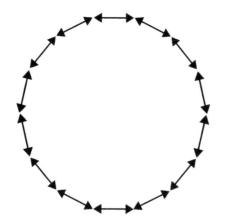

"자, 보세요. 제가 그린 화살표가 모두 과거와 미래가 만나는 순간들, 그러니까 입구들이라고 해 봅시다. 이 화살표들은 각각 과거와 미래 모두와 반드시 만나야 하지요. 그런데 만약 이런 원이 아니라 무한한 직선이라고 해 봅시다."

이렇게 말하며 이제하는 노트를 한 장 넘겨 다시 쓱쓱 그렸다.

"이렇게 직선이라면, 그것이 상상할 수 있는 가장 긴 직선이라 하더라도 끝 쪽에 있는 어떤 한 입구는 한쪽과만 만나고, 또 다른 끝 쪽에 있는 어떤 한 입구는 다른 쪽과만 만나게 되지요. 그러니까 한 입구는 과거와만 만나고, 다른 한 입구는 미래와만 만나게 되는 거예요. 그래서 셀 수 없이 많은 입구가 단 하나의 예외도 없이 만나고 있다면, 오직 하나의 원환을 이룰 수밖에 없는 겁니다."

이제하가 이렇게 말하자 연수는 고개를 끄덕였다. 차라투스트라는 그런 연수를 보고 입을 떼었다.

"그럼 제가 질문 하나를 해 보아도 될까요?"

"물론입니다, 선생님."

이제하는 흐뭇한 표정을 지으며 대답했다.

"제하 씨가 이해하는 방식으로 시간이 단 하나의 원환이라면 말입니다. 모든 일은 일어날 수 있는 것이라면 언젠가 일어났고, 행해졌고, 이미 지나갔겠군요. 제하 씨 말처럼 시간이 단 하나의 원환을 뱅글뱅글 도는 것이라면, 이 순간도 이미 존재했던 것일 테고요. 이 순간도 이미 과거에 있었던 것이고 계속해서 돌아오는 것일 뿐일 겁니다. 미래도 마찬가지지요. 미래에 존재할 것도 이미 존재했던 것이고, 계속 우리에게 돌아올 뿐이지요. 그래요, 그렇게 생각할 수도 있겠지요. 그렇다면 우리 자신은 어떤가요? 지금 이 순간이라는 입구 앞에 서 있는 우리 자신도 이미 존재했던 것인가요? 만일 이렇게 뱅글뱅글 도는 단 하나의 원환을 함께 뱅글뱅글 돌고 있을 뿐인 우리 자신을 가정한다면, 우리의 과거나 지금 이 순간뿐만 아니라 미래도 정해져 있는 것이 됩니다. 그것이 나쁜 미래이든 좋은 미래이든 말입니다. 그것이 제하 씨의 생각입니까?"

"그렇습니다. 봄, 여름, 가을, 겨울이 지나도 봄은 돌아온다는 것, 그것은 일종의 희망으로 말씀드린 것입니다. 추운 겨울은 반드시 지나가고 그 뒤에 봄은 또 온다고 말입니다. 하지만 시시포스의 신화처럼 무의미하게 반복되는 것이기도 하지요. 학생은 시시포스의 신화를 아나요?"

이제하는 차라투스트라를 보면서 답하다가 다시 연수에게 물었다.

"언젠가 책에서 본 적 있어요. 바위를 산꼭대기에 올리면 계속 굴러떨어져서 떨어지는 바위를 영원히 올려야 하는 벌을 받은 사람 이야기 아닌가요?"

"역시 선생님께서 데리고 다니는 학생은 아주 똑똑하군요!"

차라투스트라는 듣기 언짢은 말을 들은 듯 미간을 찌푸렸다.

"제가 시간에 관해 쓸 때는 그런 무의미한 반복을 생각하지 않았습니다."

차라투스트라가 여전히 찌푸린 인상으로 이렇게 말하자 이제하는 깜짝 놀라 멈춰 섰다.

"무슨 말씀이십니까, 선생님?"

"저는 일단 시간을 단순히 순간들을 합친 것으로 보지 않습니다. 그러면 제하 씨가 생각한 대로 모든 것이 돌아오게 되지요. 사상 최대 규모의 전쟁, 대학살, 살육이 언제나 똑같이 반복된다고 말한다면 그것만큼 끔찍한 것이 어디 있겠습니까?"

"하지만 모든 희망도 돌아오지요!"

이제하가 답했다.

"그것이 새로운 희망이 아닌데도 여전히 우리 마음에 빛이 될 수 있을까요? 사람들은 쉽고 편한 희망에 늘 익숙해지지요. 하지만 고통에도 그럴까요? 도망칠 수 없는 고통에, 그러니까 끊임없이 자기 몸만 한 바위를 산 위로 올려야 하는 일에 과연 익숙해질까요?"

이제하는 아무 답도 하지 못한 채 서 있었다.

"저는 시간을 순간들의 총합으로 보지 않습니다. 제가 중요하게 생각한 것은 순간이라는 입구에서 과거와 미래가 만난다는 것입니다. 영원으로 뻗어 있는 과거와 영원으로 뻗어 있는 미래가 순간에서 만난다는 것은, 순간이 바로 영원을 의미한다는 겁니다. 단 한 순간이 영원한 가치를 가지게 되지요. 영원한 과거와 미래가 끊임없이 순간에서 만납니다. 순간은 그 끊임없는 만남으로 인해, 그 영원함으로 인해 새로운 순간으로 태어납니다. 순간이라는 것은 흘러가고 흘러나오기 위해 마치 모래시계처럼 언제나 새로이 뒤집혀야 합니다."

"그렇다면 미래는 다시 돌아오지 않는다는 말씀입니까? 새로운 순간이라는 것은 결국 미래인 것 아닙니까?"

이제하는 잘 모르겠다는 듯 절망한 목소리로 물었다.

"저는 지금 순간의 입구에 서 있는 우리 자신에 관해 이야기하고 싶은 것입니다. 미래는 돌아옵니다. 하지만 그것은 당신의 생각처럼 우리가 이미 다 겪었던 과거로, 지금과 똑같은 순간으로 돌아오는 것이 아닙니다. 오직 영원한 가치를 지닌 순간으로서만 늘 돌아오는 것이지요. 그래서 우리는 그런 순간을 언제나 영원히 돌아올 만한 가치를 가진 것으로 받아들여야 합니다. 그런데 받아들인다는 것은 그저 시간을 있는 그대로 받아들인다는 것이 아닙니다. 그런 순간을 다시 한번 살고 싶을 정도의 순간으로 만들 수 있는 것은 오직 우리 자신뿐이니까요. 다른 어떤 이도, 그러니까 인류를 위한다느니 전지전능한 자라느니 하는 자들도 해 줄 수 없는 일입니다. 다시 한번 살고 싶을 만한 삶을 돌아오게 하는 것은, 오직 그 순간의 입구를 지나가는 우리 자신뿐입니다. 우리가 바로 그 입구에서 선택하지 않은 것들은 돌아올 수 없습니다. 비루한 것, 싫증 나게 반복되는 것, 견딜 만하지 않은 것은 우리가 선택하지 않으면 돌아올 수 없는 것들일 뿐입니다."

이제하는 벙찐 표정을 지었다. 그리고 몇 발자국 뒷걸음질 쳤다.

"선생님, 저는 이 논리, 이 체계를 아직 잘 이해하지 못하겠습니다. 조금 전까지만 해도 완벽하게 알 수 있었던 것인데도 말이지요……."

이제하는 잠시 머뭇거리며 서 있었다. 차라투스트라는 그의 모습을 보며 쓸쓸한 표정을 지었다.

"죄송합니다. 결국 숙제는 저에게 맡겨진 것이겠지요. 선생님의 시간에 대한 사상, 그것을 증명하는 것은 저의 몫이지요……. 다음에 다시 뵙고 말씀드리겠습니다. 이만 가 보겠습니다."

이제하는 노트와 연필을 가방에 챙겨 넣고 무거운 가방을 다시 등에 지었다. 그리고 이내 차라투스트라의 눈을 똑바로 쳐다보지도 못하고 허리를 굽혀 인사했다. 차라투스트라의 표정은 슬픔으로 가득 찼다. 그래도 다시 힘을 주어 말했다.

"그러지 말고 오늘 저녁, 우리 집으로 오세요. 함께 이야기를 나

눕시다.”

이제하는 다시 꾸벅 인사를 하더니 뒤를 돌아 종종걸음으로 서둘러 떠났다.

[1] 아우렐리우스 아우구스티누스(Aurelius Augustinus)는 4세기 알제리와 이탈리아에서 활동한 기독교 신학자이자 주교이다. 그는 주요 저작인 《고백록》에서 시간의 문제를 다루는데, 이것이 이후 서양 철학의 주관적 시간론에 큰 영향을 끼쳤다.

배움과 지식

이제하가 떠난 뒤, 차라투스트라와 연수는 한동안 그 자리에 서 있었다. 연수는 멀어져 가는 이제하의 모습을 보면서 지난 밤 차라투스트라의 책에서 보았던 "이것이 삶이던가? 그렇다면 다시 한번!"이라는 구절이 떠올랐다. 연수는 이 말에 대해 다시 곰곰이 생각해 보았다. 차라투스트라는 슬픈 표정을 이내 거두고 시계를 보았다. 시계는 벌써 오후 2시 30분을 가리키고 있었다.

"이제 곧 강의가 끝날 시간이군. 그만 올라갈까?"

차라투스트라는 앞에 보이는 건물을 가리키며 말했다.

차라투스트라와 연수가 강의실 앞에 다다랐을 때도 강의는 아직 진행되고 있었다. 차라투스트라와 연수는 조용히 강의실 뒷문을 열고 들어가 맨 끝자리에 앉았다. 강의를 하던 조윤수는 뒷자리에 앉는 차라투스트라를 발견하고 고개를 끄덕이고는 강의를 계속 이어 나갔다.

"그렇다면 미래란 무엇일까요? 우리는 늘 알 수 없는 미래라는 것에 공포를 느끼죠. 제가 이렇게 말하면 간혹 '아닌데, 난 즐거운데' 하는 학생도 있어요. 지금 수업 듣고 앉아 있는 건 너무 지겹고, 수업만 끝나면 '친구랑 맛있는 거 먹어야지' 하는 친구들 말이죠. 근데 이렇게 한번 생각해 보죠. 우리는 모두 죽잖아요? 그건 미래에 반드시 일어나는 일이죠? 갑자기 무슨 새로운 약이 개발되지 않는 한 말이죠. 그런 미래에 대해서도 공포를 느끼지 않을 수 있겠어요? 공포의 강도가 조금 덜할 순 있지만, 제 생각엔 여기 앉아 있는 사람들 중 누구도 죽는 게 겁나지 않는 사람은 없을걸요. 우리는 죽은 뒤에 일어나는 일에 대해 알 수 없으니까요. 그런데 여러분보다 내가 조금 더 늙었잖아요. 그래서 내가 미래가 너무 무서워 벌벌 떨고 있다고 생각해 봐요. 실제로 그렇진 않아요. 그냥 예를 드는 거예요."

조윤수가 웃자 학생들도 따라 웃었다.

"내가 지금 무서워서 덜덜 떨고 있다면 이 강의에 집중할 수 없지 않겠어요? 여러분 무서운 영화 많이 보죠? 무서운 영화 보면서 언제 튀어나올지 모르는 귀신 때문에 벌벌 떨고 있는데 '음, 이 영화는 아주 훌륭하군. 스토리가 탄탄하군.' 이렇게 생각할 수 있는 사람은 없잖아요."

학생들은 다시 웃음을 터트렸다.

"이런 식으로 사람들은 미래에 대한 공포가 없어야 지금 내 앞에 있는 것에 집중할 수 있다고 이야기해요. 미래가 너무 무섭고 걱정되면 행복할 수가 없는 거예요. 그래서 내일에 대한 걱정 때문에 일도 열심히 하고, 돈도 열심히 벌고, 열심히 번 돈으로 얼굴에 안티 에이징 화장품을 덕지덕지 바르고…….”

몇몇 학생이 또 키득거렸다.

“그런데 내가 하고 싶은 말은 이거예요. 오늘 당장 행복하지 않은데, 내일이면 갑자기 행복할 수 있을까요? 아니죠. ‘내일 행복할 수 있어, 내일 행복할 수 있어.’ 이렇게 되뇌면서 오늘이 가고, 또 오늘이 지나가요. 당장 오늘을 행복하게 변화시키지 않으면 미래에도 행복한 시간은 오지 않아요. 하루하루 행복하려면 오늘, 바로 오늘을 행복하게 바꾸어야 해요. 이것이 호라티우스[2]가 카르페 디엠(Carpe diem), ‘현재를 잡아라’라고 노래한 이유예요. 그럼 오늘은 이것으로 수업을 마치고 다음 주에 뵙죠.”

조윤수의 말이 끝나자 학생들은 다 함께 “감사합니다!” 하고 외쳤다. 그리고 우르르 강의실을 빠져나갔다. 조윤수는 강의실을 빠져나가는 학생들을 가로질러 차라투스트라와 연수에게로 다가왔다.

“선생님, 와 주셨군요. 강의가 조금 늦어졌죠. 죄송해요.”

조윤수는 이렇게 말하며 차라투스트라에게 악수를 청했다. 차라투스트라는 자리에서 일어나 조윤수의 손을 잡고 흔들며 연수를 소개했다.

“잘 지냈습니까? 이 친구는 정연수라고 합니다. 함께 오게 되었는데 실례가 되지는 않겠지요."

연수는 일어나 조윤수에게 꾸벅 인사했다. 조윤수는 연수에게도 악수를 청했다.

"그럼요. 와 주셔서 감사해요. 자, 그럼 제 연구실로 함께 가시겠어요?"

"그러지요."

세 사람은 강의실을 빠져나와 조윤수의 연구실로 향했다.

"오는 길에 우연히 제하 씨를 만나 이야기를 나누었습니다."

차라투스트라가 이렇게 말하자 조윤수의 표정은 이제하가 그랬던 것처럼 일그러졌다.

"그랬군요. 아직 학교에 나오고 있는지 몰랐네요."

"두 사람 모두 똑같은 표정을 짓는군요."

차라투스트라가 이렇게 말하자 조윤수는 쓸쓸히 웃었다.

"저는 그 친구에게 돈 밝히는 인간일 뿐이니까요. 물론 그 친구도 저에게는 학문에 피를 빨리고 있는 가련한 인간일 뿐이지요."

차라투스트라는 왜 그런 사이가 되었는지 더는 묻지 않았다. 다만 한때 두 사람은 자신의 수업을 함께 듣던 제자들이어서 마음이 좋지 않았다. 한 사람은 자기가 몸담은 세계를 향해 열려 있고, 반대로 다른 한 사람은 자기 안의 닫힌 체계, 그 완벽함을 사랑한다. 한 사람은 학교에서 여러 사람, 여러 학생에게 맞추어 이야기하고, 다른 한

091

6

배움과 지식

사람은 학문 그 자체를 훼손시키는 일을 견딜 수 없다.

차라투스트라는 그 어떤 것도 옳지 않다고 생각했다. 차라투스트라는 그래서 학교를 떠났고 다시는 돌아오고 싶지 않았다. 자기가 살고 있는 세계의 흐름에 휩쓸리고, 그래서 그것이 옳은지 그른지 판단할 수 없다면 그것만큼 절망스러운 일도 없다. 하지만 세상을 완전히 등지고 자기 안에 갇혀 학문 체계의 완벽함에만 집착하는 것만큼 자기 자신을 좀먹는 일도 없다. 그래서 차라투스트라는 자신을 필요로 하는 사람을 만나고 또 끊임없이 이야기하는 것을 멈추지 않았다. 차라투스트라는 이런 생각을 하며 고개를 가로저었다.

'내가 아끼던 두 사람이 정반대의 길을 통해 절망으로 가고 있구나…….'

그사이 세 사람은 조윤수의 연구실에 다다랐다. 조윤수가 문을 열자 연수는 깜짝 놀랐다. 책장에 다 꽂지 못한 책들로 수북해서 발 디딜 틈이 없었기 때문이다. 연수는 여기 오던 길에 만난 이제하를 생각했다. 그 사람도 책이 수북이 담긴 커다란 가방을 등에 지고 있었다.

연구실 안으로 들어간 차라투스트라와 연수는 간신히 소파에 앉았다. 조윤수는 분주히 움직이며 차라투스트라와 연수에게 차 한 잔씩을 내어 주고는 자신도 옆에 앉았다.

"오늘 선생님을 뵙자고 한 건 선생님이 강단을 떠나신 후로 학과가 많이 어려워졌기 때문이에요."

조윤수가 말을 꺼냈다.

"교수들이 모이기만 하면 늘 선생님께서 돌아오시면 좋겠다고 이야기하고 있어요. 선생님이 돌아와 준다고만 하시면 언제든 자리를 마련할 수 있습니다."

"그런 얘기라면 나를 헛걸음시킨 것이군요. 제 발로 나갔을 때는 그만한 이유가 있던 거지요……. 차가 아주 맛이 좋네요. 이것만 마시고 일어나지요."

차라투스트라는 이렇게 말하며 차를 한 모금 더 마셨다. 연수는 그런 차라투스트라를 보고 차를 입에 가져다 댔지만, 쓸쓸한 맛이 나서 이내 탁자에 내려놓았다.

"선생님, 지금 학교는 권력을 잡으려는 자들로 가득해요. 그들은 철학과처럼 쓸모없는 학과는 없애 버리자고 하지요. 하나 마나 한 소리나 늘어놓는 학문이라면서, 전문적으로 공부하는 학자를 키울 기회를 아예 뿌리 뽑아 버리려고 합니다. 지금처럼 민감한 시기에 선생님 같은 분이 중심을 잡아 주시지 않으면, 우리 학과는 유명무실하게 될 거예요."

차라투스트라가 침묵하자 조윤수는 다시 말했다.

"선생님, 제가 간곡히 부탁드립니다. 선생님처럼 명성 있으신 분이 중심을 잡아 주셔야 이 학과가 살 수 있어요."

그러자 차라투스트라의 눈썹이 꿈틀거렸다. 잠시 생각에 잠겨 있던 그는 몇 번이고 입을 움찔거리더니 말을 꺼냈다.

"명성이라는 건 누가 주는 겁니까? 명성이 높은 철학자들은 그저 군중을 섬기지요. 그 대가로 받은 것이 명성일 뿐입니다. 나는 어떤 우상도 섬기고 싶지 않고, 내가 우상이 되고 싶지도 않습니다. 윤수 씨, 나에 대해 잘 아신다고 생각했는데, 오늘은 실망하지 않을 수 없군요."

"선생님……."

"그보다 오늘 윤수 씨의 강의에 관해 이야기하고 싶군요. 오늘을 살라, 윤수 씨가 제자들에게 들려주고 싶은 것이 바로 그것입니까?"

"오늘 시간의 문제를 다루면서 그런 이야기를 마지막에 했죠. 저는 선생님의 '영원회귀'를 생각하며 이번 수업을 했습니다."

조윤수는 차라투스트라의 눈치를 보며 이렇게 말했다. 연수는 조윤수의 말을 듣고 갸우뚱했다.

'영원회귀?'

"우리가 살고 있는 이 삶을 다시 한번, 그리고 셀 수 없이 여러 번 살아야 한다면, 우리는 지금 이 순간을 다시 살 만한 순간으로 변화시켜야 한다고 말하던 중이었죠. 미래에 대한 불안과 두려움으로 이 순간에 할 수 있는 것, 이 순간을 행복하게 만드는 것을 놓치면 안 된다고 덧붙인 거예요."

조윤수가 계속 말했다. 차라투스트라는 가만히 찻잔만 바라보며 듣고 있었다.

'아까 이제하 아저씨와 이야기했던 건가 보다. 영원회귀……. 그런데 아까 그 아저씨는 희망이 돌아오는 것이라고 했는데, 차라투스트라는 그게 아니고 영원한 순간 같은 것이라고 하지 않았나?'

연수는 잘 모르겠다고 생각하며 두 사람의 대화에 다시 집중했다.

"그랬군요. 비록 끝부분밖에 듣지 못했지만 내가 듣기에는 순간의 행복에 몰두하라는 이야기처럼 들렸습니다. 그래서 물어보는 것이지요. 현재를 변화시켜야 한다는 이야기는 제가 들어오기 이전에 말씀하신 모양이군요."

차라투스트라가 이렇게 말하며 고개를 들어 조윤수를 똑바로 쳐다보았다. 그런 차라투스트라를 보자 조윤수는 고개를 숙이며 한탄이 섞인 목소리로 말했다.

"사실 그런 이야기는 적당히 하고 넘어가기는 했어요. 요즘 친구들은 부조리한 세상을 바꾸거나 세상과 다른 방향으로 나를 변화시키는 데는 별로 관심이 없어요. 그렇다고 지금 가진 것들로도 충분하고 그것을 즐기라고 말하려던 것은 아니었어요. 어쩌면 그렇게 들릴 거라고 생각하지 않은 것은 아니지만……."

"많은 것을 한꺼번에 고려하고 있군요. 틀리게 말하지는 않으면서도 듣는 이들에게 좋은 소리로 들리도록 한다, 나는 이렇게 들립

배움과 지식

니다."

조윤수는 아무 말도 하지 못하고 앉아 있었다.

"윤수 씨는 제가 전달한 지식을 잘 받아들였지요. 그건 제하 씨도 마찬가지였습니다. 하지만 역시 저는 두 분 모두에게 실망하지 않을 수 없습니다. 배움이라는 건 지식과 달라요. 나는 그렇게 생각합니다. 답을 정해 놓고 그것을 동일하게 다시 말하는 것, 비슷하게 다시 말하는 것, 필요에 따라 이렇고 저렇고 응용하는 것은 그저 지식의 영역에서 무수히 일어나는 것일 뿐입니다. 나는 영원회귀를 증명하고 싶은 마음이 조금도 없습니다. 아예 없어요. 실제로 우리의 시간이 어떤지를 숫자로 증명하고, 그래서 지금과는 다른 시계를 만드는 데는 관심이 없다는 말입니다."

차라투스트라의 목소리에 점점 더 힘이 들어갔다.

"나는 그로부터 자기 자신에게 질문할 수 있기를 바랍니다. 질문을 만드는 법을 배웠으면 좋겠다는 것입니다. 됐습니다. 이제 더 이상 내가 할 일은 아니지요. 나는 이곳으로 돌아오지 않을 겁니다, 앞으로도요. 만나서 좋았습니다. 이만 일어나지요."

차라투스트라는 격앙된 목소리로 빠르게 말을 내뱉고는 자리에서 일어났다. 조윤수가 허겁지겁 따라 일어나 차라투스트라를 붙잡았다. 덕분에 연수도 따라 일어났다가 다시 주춤주춤 앉았다.

"선생님, 제가 이렇게 부족합니다. 그러니 돌아와 주세요. 이곳은 선생님이 필요해요."

"그만두세요. 이런 고약한 소리를 듣고도 그런 소리를 하다니…… 나는 윤수 씨가 어떤 사람인지 잘 알고 있어요. 윤수 씨는 자기 자신을 속이지는 않지요. 윤수 씨의 그런 선하고 솔직한 점을 존중합니다. 윤수 씨에게 나는 필요하지 않습니다. 스스로를 구할 수 있을 겁니다. 이 학교도 마찬가지지요."

차라투스트라는 일어나 조윤수에게 손을 내밀었다.

"아까 제하 씨를 오늘 저녁 우리 집에 초대했습니다. 윤수 씨도 오신다면 좋겠습니다. 이곳이 아니라 우리에 관해 이야기할 수 있었으면 좋겠고요. 그만 가 보겠습니다."

조윤수는 일어나 차라투스트라의 손을 잡고 슬픈 표정을 지었다. 차라투스트라는 이내 그의 손을 놓고 연구실 밖으로 향했다. 연수도 조용히 일어나 뒤를 따랐다. 멍한 조윤수를 뒤돌아보며 연수는 마치 허공에 대고 인사하듯 꾸벅 고개를 숙였다.

[2] 퀸투스 호라티우스 플라쿠스(Quintus Horatius Flaccus)는 고대 로마 공화정 말기의 시인이다. 호라티우스의 시는 당대를 넘어서 중세와 르네상스 시대까지 인기를 누렸다. 몽테뉴, 밀턴, 워즈워스 같은 사람들에게 재해석되며 현대에 이르기까지 영향을 미치고 있다.

믿음의 세계

차라투스트라와 연수는 캠퍼스를 빠져나와 걸었다. 연수가 휴대 전화를 꺼내 확인해 보니 엄마의 부재중 전화가 몇 개 더 찍혀 있었다. 연수는 잠시 전화를 걸어 볼까 고민하다가 다시 휴대 전화를 주머니에 넣었다. 그때 차라투스트라가 연수에게 말했다.

"그러고 보니 연수를 저녁에 초대해야 했는데 당연히 함께 가리라고 생각했구나. 오늘 만난 사람들은 아마도 모두 우리 집으로 올거야. 아직도 나에게 할 말이 많은 사람들이니까. 연수도 오늘 우리집에 와 주겠니?"

"네, 선생님."

연수는 씩 웃으며 대답했다. 연수의 입에서 자연스럽게 '선생님'이라는 호칭이 나오자, 차라투스트라는 놀라 연수를 쳐다보았다.

"연수야, 모두 나를 선생님이라고 부른다고 해서 그렇게 부를 필요는 없어. 각자 나를 부르고 싶은 대로 부를 뿐이니까. 그냥 아저씨라고 해도 좋을 것 같은데."

"네…… 아저씨."

연수가 부끄러운 표정을 짓자 차라투스트라는 웃었다.

"아니, 네가 하고 싶은 대로 하면 좋겠구나, 무엇이든. 그게 나도 편하니까."

연수는 아직도 쑥스러운 듯 웃으며 고개를 끄덕였다.

"고맙구나. 나와 함께 가면 돼. 그런데 잠시 한군데만 더 들렀다 가자. 예정에 있던 것은 아니지만 계속 연락해 오는 사람이 있어서 여기까지 온 길에 만나고 가는 게 좋겠다 싶구나."

"네. 그런데 아저씨, 뭐 한 가지만 물어봐도 돼요?"

"그럼, 물론이지."

"실은 어제 아저씨 책을 보았거든요. 읽지는 못했지만 그냥 휙하고요."

"그랬구나! 처음에 네가 나를 유심히 보고 있던 것이 이제 와서 보니 참 기묘한 일이라고 생각했는데……."

차라투스트라가 놀라자 연수는 쑥스럽게 웃었다.

"그런데요, 이것이 삶이라면 다시 한번? 그런 말이 있잖아요. 저는 그게 꼭 다시 한번 살면 더 잘 살 수 있다는 것처럼 들렸어요. 그런데 조금 전에 하신 이야기를 들어 보면 꼭 그런 건 아닌 것 같아서요……."

"그랬구나. 그 문장만 보면 그렇게 볼 수도 있겠구나."

차라투스트라는 웃었다.

"아까 제하 씨도 말했지만 나는 지금 이 순간을 과거와 미래가 만나는 입구라고 생각한단다. 과거와 미래가 만나지 않는 순간이란 있을 수 없지. 그게 왜 중요한지 알겠니? 그 입구 앞에서 우리 자신은 매 순간 이 삶을 다시 한번, 그리고 무수히 반복되어도 좋을 만한 것으로 만드는 선택들을 해야 하는데, 그 순간의 선택과 함께 과거와 미래가 함께 변한다는 사실 때문이야. 그러니까 우리가 현재에 어떤 행동을 하는가와 관계없이 일어난 그대로 남아 있는 과거나 일어날 그대로 남아 있는 미래라는 건 있을 수 없지. 그래서 똑같은 과거가 한번만 더 반복되면 더 잘할 수 있을 거라는 게 아니야. 지금 이 순간의 선택이 무수히 반복되는 과거와 미래를 만드는 거야. 그래서 난 영원회귀라는 것은 영원히 과거와 미래로 뻗어 있는 입구 앞에서 '우리가 삶에 대해 어떤 태도를 취할 것인가'의 문제여야 한다고 생각한단다. 영원을 품고 있는 시간을 마주했을 때 우리는 무엇을 해야 할까? 이런 질문에 우리가 취할 수 있는 태도 말이야."

"삶을 대하는 태도요?"

"응, 나는 지금 선언을 하고 있는 거야. '네가 지금 살고 있고 살아왔던 이 삶을 너는 다시 한번 살아야 하고, 또 무수히 반복해서 살아야만 할 것이다', 바로 이렇게 말이지. 영원히 반복되는 삶에는 늘 행복하고 아름답고 좋은 것만 있지 않아. 그것만큼은 분명하지. 그래서 나는 고통도, 쾌락도, 네 삶에서 이루 말할 수 없이 크고 작은 모든 것들도 네게 다시 찾아온다고 선언하는 거야. 내가 그런 선언을 하는 건 질문하기 위해서지. '그런데도 너는 이 삶을 다시 한번, 그리고 무수히 반복해서 다시 살기를 원하는가?' 나는 이렇게 묻지. 그럼 너는 내 질문에 어떤 태도를 취해야만 해. '무슨 헛소리야' 하고 생각하기를 그만두어 버린다면 그것도 역시 선택이지."

"생각하지 않기로 선택하는 거니까요?"

"그렇지. 그런데 더 중요한 건 어떤 선택을 하든 그냥 '네, 아니오.'로 대답하는 문제로 끝날 수 없다는 거야. '너는 이 삶을 다시 한번, 그리고 무수히 반복해서 다시 살기를 원하는가?'라고 물었을 때 네가 대답하는 문제는, 네가 너의 삶을 그렇게 만들 것인가, 그렇지 못할 것인가 하는 문제이기 때문이지."

"그런데 제가 제 삶을 선택한다는 의미가 행복하고 좋은 것만 선택한다는 게 아니라는 말씀이에요? 제가 제 삶을 선택할 수 있다면, 나쁜 것을 선택하고 싶지는 않은데요."

"그래, 행복은 선택의 기준이 될 수 없지. 행복은 오직 우리가 우리 자신을 극복할 때 부수적으로 따라오는 것일 뿐, 행복 그 자체가 목적이 될 수는 없으니까. 내가 나의 삶을 무수히 반복해도 좋을 만한 삶으로 만드는 건, 행복한 일만 가득하게 만들겠다는 이야기가 아니야."

차라투스트라는 이렇게 답했다. 연수는 이전에 차라투스트라가 했던 말이 생각나 고개를 끄덕였다.

"우리는 언제나 우리 자신을 뛰어넘기 위한 선택을 해야 하고, 그것을 선택할 때는 고통도 따를 수 있지. 하지만 그 고통은 그저 견뎌야 하는 아픈 것이 아니라, 즐거운 것이 될 수 있어. 음, 이렇게 말하면 웃을지 모르겠지만 너는 나와 동행하기로 선택했잖니? 하지만 네가 오늘 나와 함께 걷는 것이 수행평가에 들어간다고 생각해 봐. 점수를 받기 위해서 억지로 나를 따라다녀야 하는데 즐거울 수 있겠니?"

차라투스트라가 이렇게 묻자 연수는 고민에 빠졌다. 내가 즐거운 건 정말로 내가 선택했기 때문일까? 차라투스트라 아저씨의 이야기는 어렵지만 그만큼 재미있어서 숙제라도 즐겁게 할 수 있을 것 같은데…….

"어쩌면 넌 내 말에 처음부터 귀 기울이려 하지 않았을지도 몰라."

차라투스트라가 이렇게 덧붙이자 연수는 그제야 고개를 끄덕였다.

"그러니까 그냥 그래야 돼서 그런 게 아니고, 내가 선택한 것이니까 즐겁게 할 수 있다는 말이지요?"

"그래, 맞아. 우리가 지금 웃고 있듯이 말이야."

차라투스트라는 연수를 보며 웃었다.

"고통이 즐거울 수 있는 건 오직 내가 원하는 바를 향해 발을 내디디고 있을 때뿐이야. 오늘 보았던 줄 타는 사람처럼 말이지."

연수는 줄 타는 사람을 생각해 보았다. 차라투스트라 아저씨는 앞으로도 갈 수 없고 뒤로 돌아갈 수도 없는 무서운 줄 위에서 그 사람이 즐거울 수 있는 건, 자기가 스스로 한 발자국을 떼었기 때문이라고 이야기했었다.

'나는 애초에 차라투스트라 아저씨의 말을 들어 보려고도 하지 않았을지 몰라. 여느 교과서에 나오는 사람들의 이야기처럼……'

연수는 이렇게 생각하며 차라투스트라의 말에 다시 한번 고개를 끄덕였다.

두 사람이 이런 이야기를 하며 도착한 곳은 오래된 성당이었다. 도심 한가운데 있는 성당이지만 높이 솟은 첨탑이 고즈넉한 느낌을 주었다. 두 사람은 아기자기하게 가꾸어진 정원 옆으로 가지런히 놓여 있는 돌계단을 올랐다. 계단을 올라 성당에 가까워질수록 조용하고 평온한 느낌이 들었다. 차라투스트라는 무슨 생각을 하는지 어느새 말이 없어진 채 혼자서 몰두하고 있는 것처럼 보였다.

커다란 문을 지나 무지갯빛 빛이 새어 들어오는 성당 안으로 들어서자 연수는 더욱 엄숙한 기분에 사로잡혔다. 차라투스트라는 성큼성큼 고요한 성당 복도를 가로질러 작은 문 앞에 섰다. 그리고 똑똑 문을 두드렸다. 그러자 검은 옷을 입은, 얼굴이 마르고 창백한 신부가 문을 열고 두 사람을 맞이했다.

"어서 오세요. 이리 들어오시지요."

연수는 어쩐지 신부의 얼굴에서 이상한 느낌이 들어 그의 얼굴을 살펴보았다. 신부가 두 사람이 안으로 들어올 수 있도록 비켜서자, 창문으로 쏟아지는 빛이 그의 얼굴을 밝혀 주었다. 연수가 그의 얼굴을 자세히 들여다보니 한쪽 눈의 눈동자가 하얬다. 신부는 두 사람이 들어오는 것을 가만히 기다리고 섰다가, 두 사람이 들어오자 문을 조용히 닫았다. 차라투스트라와 연수는 책상 앞에 놓여 있는 자그마한 의자에 앉았다. 신부는 두 사람을 따라 맞은편 자리에 앉으며 감회에 젖은 표정을 지었다.

"정말 오랜만입니다, 차라투스트라."

"그렇습니다, 신부님."

차라투스트라는 싱긋 웃어 보였다. 그리고 연수를 소개했다. 신부는 따뜻한 웃음을 지으며 연수에게 묵례를 했다. 연수가 잠깐 동안 무섭다고 생각했던 것을 부끄럽게 만드는 웃음이었다.

"반가워요, 연수 군. 차라투스트라와 나는 아주 오래전에 만났지요. 차라투스트라가 길을 잃고 방황할 때 신의 사랑 안으로 이끌어 주고 싶었는데, 그 인연이 이제까지 닿았답니다. 연수 군은 어떻게 차라투스트라와 함께 이곳에 왔지요?"

"저는 오늘 아침에…… 아, 그러니까 오늘 아침에 줄 타는 사람을 보러 갔다가 만났어요."

연수는 쑥스러워하며 대답했다.

"그랬군요! 신기한 일이네요. 벌써 해가 저물어 가는 시간인데……."

"오늘 저희 집에 손님이 많이 올 것 같습니다. 제가 연수도 와 주길 원해서 여기까지 같이 왔습니다. 신부님도 다른 일이 없으시다면 초대하겠습니다."

차라투스트라가 이렇게 말했다.

"아니, 그것참 좋은 일이군요. 따뜻한 저녁을 함께 나눌 수 있다는 것은 얼마나 좋은 일입니까?"

이렇게 말하며 신부는 슬픈 표정을 지었다.

"올 수 없으십니까? 그래도 괜찮습니다. 표정이 좋지 않으시군요."

차라투스트라가 묻자 신부는 고개를 저으며 대답했다.

"물론 얼마든지 갈 수 있지요. 따뜻한 저녁을 나눌 수 있다는 것이 얼마나 소중한 일인가 생각하니, 잠시 슬픈 기분이 들어 그랬습니다. 제가 종종 연락했지만 저는 근래에 부쩍 슬픔을 이겨 내기 힘듭니다."

"아무도 신을 믿지 않기 때문에요?"

"네, 그래요. 다들 신이 죽었다는 이유로 이제 더 이상 믿지 않지요."

신부의 목소리는 더욱 잠겼다.

"제가 오늘 도시로 오는 길에 만난 한 노인은 신이 죽었다는 사실을 모르더군요."

차라투스트라는 신부의 표정을 살피며 말했다.

"맞아요. 그런 이들이 있지요. 한때는 그런 이들을 찾아다니느라 애를 쓰기도 했지요."

잠시 침묵이 이어졌다. 차라투스트라는 신부가 무슨 말을 할지 알고 있었지만, 잠자코 그의 말을 기다렸다.

"하지만 소용없었어요. 그들만을 데리고 산속으로 들어갈 수는 없으니까요. 무엇보다도 나 자신도 신이 죽지 않았다고 생각하지는 않지요. 나는 오랜 세월 사랑으로 신을 섬겼고, 나의 의지는 그의 모든 의지를 따랐지요. 나는 신의 훌륭한 종이었고 훌륭한 종은 주인의 모든 것을 알고 있으니, 나의 주인인 신이 나에게 숨기고 싶어 했던 비밀도 모두 알고 있었어요."

"그는 참 비밀스러운 신이었지요."

차라투스트라가 이렇게 읊조리듯 덧붙였다.

"나는 그를 사랑의 신으로 찬양하는 자는 아직 사랑 자체를 제대로 생각해 보지 않은 자라고 생각해요. 우리가 사랑한 신은 재판관이었지, 심판 저편에서 우리를 사랑으로 보듬는 신이 아니었어요. 신은 우리를 동정했지요. 우리를 가엾게 여기고 우리를 위해 슬퍼했지요.

동정은 절대 동등한 관계에서 오지 않아요. 신은 늘 우리를 제한하고 심판하는 자로서 우리 위에서 명령하고 동정했을 뿐입니다."

"그 동정이 신을 죽게 만든 것이지요."

차라투스트라는 다시 이렇게 덧붙였다.

"그래요. 예전에도 그대는 나에게 그렇게 말했어요. 신이 인간을 동정하지 않았다면 죽지 않았을지도 모르지요. 하지만 나는 여전히 인간이 신을 죽인 건 인간의 탐욕 때문이라고 생각합니다. 왜 위계를 인정하지 않고 신을 죽이고 말았을까요? 나는 신과 나의 위계 안에서 신을 사랑하고 섬겼습니다. 그것이 가능한 사람들이 사라져 간다는 게 슬플 뿐이지요. 죽은 신의 위계가 무슨 소용이냐고 하는 사람들의 말에 아무런 반박도 하지 못하고 그저 슬퍼할 뿐입니다."

신부가 말을 마치자마자 기다렸다는 듯 차라투스트라가 말했다.

"제가 분노하는 점이 바로 그러한 것입니다. 신이 우리에게 분노하는 것은 우리가 자기 말을 제대로 알아듣지 못했기 때문이지요. 그런데 왜 그는 더 명확하게 말하지 않았습니까? 그게 만약 우리의 귀 탓이라면, 왜 그는 자기 말을 제대로 알아듣지 못하는 귀를 우리에게 주었습니까? 우리의 귓속에 오물이 들어 있다면, 그것은 누가 넣어 둔 것입니까?"

신부가 무언가 말하려 했지만 차라투스트라는 그 말도 무엇인지 알고 있었다.

"신부님은 우리가 완벽하지 못한 존재이기 때문이라고 하지요. 하지만 제대로 기술을 배우지 못한 도공은 수많은 실패를 거듭하는 법입니다. 그런데도 신이 자신이 만든 도공이, 그리고 도공이 만든 항아리가 제대로 만들어지지 않았다고 하여 분노하는 것이 옳은가요? 혼자서 분노하고 심판하고 동정하는 신은 차라리 없는 게 낫습니다. 도공은 혼자 힘으로 자신의 항아리를 만들고, 자신의 운명을 만들고, 차라리 바보가 되고, 차라리 자기 자신이 신이 되는 것이 낫지요."

차라투스트라는 흥분한 목소리로 말했다. 하지만 신부는 여전히 차분하고 침울한 목소리로 말을 이었다.

"나는 아무 반박도 할 수 없어요. 그저 슬퍼할 뿐입니다. 나의 슬픔은 신이 죽은 뒤로 점점 더 커질 뿐이지요. 차라투스트라, 그대에게 언제나 이런 이야기를 들으면서도 계속 만나자고 청하는 건, 그렇게 말하는 그대의 마음에서 경건함을 보기 때문입니다. 내가 나의 마음에서, 그리고 신 안에서 느끼는 경건함. 그것을 그대에게서 진실로 느끼고 있습니다."

"신부님은 저를 구원하고 싶어 하셨지요. 하지만 전 구원을 바라지 않습니다. 저는 신부님이 바라는 것을 들어드릴 수 없는 사람입니다."

차라투스트라의 목소리는 흥분에서 단호함으로 바뀌었다.

"나는 더 이상 신이 없는 세계, 장례식을 치르고 잊어버린 세계에서 살 방법을 모릅니다. 신에 대한 믿음이 완전히 사라진 세계를 상상하면, 견딜 수 없이 슬픔에 빠지게 됩니다. 신이 존재하지 않는다는 건 더 이상 어떤 선한 것, 지적인 것, 아름다운 것도 이 세계에 남아 있지 않다는 것을 의미하기 때문이지요. 악한 것, 우매한 것, 더러운 것으로 가득한 세계에서 우리는 무엇을 바라며 살아야 한단 말입니까? 신이 죽지 않았다는 것은 아니에요. 하지만 신이 죽고 난 세계에도 선한 것, 지적인 것, 아름다운 것에 대한 믿음은 있어야 합니다."

신부의 목소리에 조금 전과 달리 힘이 실렸다. 이번에도 차라투스트라는 신부의 말이 끝나자마자 말을 꺼냈다.

"신부님, 저는 선과 악이 다른 편에 있다고 생각하지 않습니다. 선과 악을 만들고, 선에 대한 대가를 만들고, 악에 대한 형벌을 만들어 내는 것, 그리고 그것이 만들어진 것에 불과하다는 사실을 숨기는 것에 오히려 슬픔을 느낍니다. 도덕을 사랑하는 것은 어머니가 자식을 사랑하는 것과 같습니다. 자식을 사랑한 대가를 바라는 어머니가 어디 있단 말입니까?"

"나는 도덕을 사랑하는 것과 신을 사랑하는 것의 차이를 모릅니다."

신부가 무언가에 사로잡힌 표정으로 대답했다.

"도덕은 우리 밖에 있는 것이 아닙니다. 도덕을 우리 앞에 세워 놓고 사랑 고백하는 것이 아니라는 겁니다. 도덕은 그저 우리 자신일 뿐입니다. 우리가 우리 자신 안에 세우고, 도덕이라고 부르고, 사랑할 뿐입니다. 선한 도덕이 있고 선하지 않은 것은 도덕이 아닌 것이 아니라, 도덕은 그저 도덕이고 우리가 우리 자신을 사랑하듯 사랑하는 것뿐입니다. 선한 세계를 위해서 혹은 나 자신을 위해서 필요하기 때문에, 우리 밖에 도덕이 있다고 하는 것은 그저 우리를 감시하고 지키는 경찰이 필요하다는 이야기일 뿐입니다. 우리는 도덕에 대해 그것이 선한지 악한지 아무것도 알 수 없습니다. 그것은 그냥 우리 자신입니다. 우리 자신을 사랑하는 것이 도덕을 사랑하는 것일 뿐입니다."

차라투스트라가 이렇게 말하자 그의 말을 듣던 신부는 단호하게 말했다.

"자기를 사랑하는 건 그냥 이기적인 것일 뿐이지요."

그러자 차라투스트라 역시 단호히 말했다.

"전 이기적이지 않은 행동이 선한 행동이라는 말에 싫증이 납니다."

쏘아붙이듯 말하던 두 사람은 갑자기 서로 간의 좁힐 수 없는 거리를 느낀 듯 침묵했다. 얼마나 흘렀을까 신부가 다시 말을 꺼냈다.

"나는 그대의 경건한 마음을 믿습니다. 그렇게 말하면서 나쁜 행동은 하지 않겠지요. 이기적인 행동은 하지 않겠지요."

차라투스트라는 신부의 말을 듣고 긴 한숨을 쉬었다.

"신부님은 '살인하지 말라'는 계명을 이야기하시지요. 그런데 살인은 왜 하지 말아야 하지요? 그것이 나에게 손해를 끼치기 때문에? 살인이 허용되면 언젠가 나도 누군가에 의해 죽을 수 있기 때문에? 저는 그런 명령에 복종하고 싶지 않습니다. 저는 언제라도 살인을 할 수 있습니다. 나의 살인이라는 행위는 언제나 내 안에 있기 때문입니다. 그리고 바로 그 이유 때문에 나는 그 행위를 책임지지 않을 수 없지요. 오직 내 안에 있기 때문에 나만이 책임질 수 있는 것입니다. 내가 책임질 수 있는 것, 나만이 책임질 수 있는 것이 바로 나의 도덕입니다. 저는 제가 책임질 수 있는 행동이라면 무엇이든 기꺼이 할 겁니다. 신부님이 저를 잠재적 범죄자로 본다고 해도 개의치 않습니다. 그건 언제나 제 안에 있는 것이니까요. 모두에게 그런 도덕이 각자의 모습으로 자기 안에 있는 겁니다."

신부는 고개를 절레절레 저었다.

"그만두십시다. 나는 그대가 살인을 저지를 것이라고 생각하지 않아요. 그런 가정은 무의미합니다."

"저는 스스로를 납득시킬 수 없는 명령에 따를 이유가 없다고 말하고 있는 겁니다."

차라투스트라는 다시 한번 강조하며 말했다.

"연수 군, 미안해요. 차라투스트라는 그럴 사람이 아닙니다. 알고

113

7

담론의 세계

있지요?"

신부가 이렇게 말하자 차라투스트라의 미간이 찌푸려졌다. 연수는 그런 차라투스트라를 힐끔 보고 신부의 물음에 어떻게 답해야 할지 몰라 안절부절못했다.

"자기의 도덕을 세우지 못하면 그것은 언제고 무너집니다. 누군가의 명령을 어기면 그 사람에게 벌을 받지요. 명령을 따른다는 것은 벌을 받지 않기 위해 한다는 것과 같습니다. 그런데 신은 정말 벌을 내립니까? 언젠가 벌을 내린다고 늘 미루고 있지 않습니까? 언제 내릴지 모르는 벌을 우리는 늘 초조하고 불안해하며 공포 속에서 기다리고 있지 않습니까? 우리는 스스로 책임져야 합니다. 우리가 저지른 일에 대해서요. 언젠가 받게 될 벌을 기다리고만 있을 수는 없는 겁니다."

차라투스트라가 이렇게 말하자 신부는 결심한 듯 눈을 감았다. 그러더니 이윽고 자리에서 일어섰다.

"이만 가 보는 게 좋겠습니다. 이 논쟁을 지금 계속하는 것은 연수 군에게 좋지 않군요. 저녁에 그대 집으로 찾아가도록 하지요."

차라투스트라는 다시 슬픈 얼굴로 돌아왔다. 그리고 잠시 머뭇거리다 일어났다. 연수도 그런 차라투스트라를 보고 따라 일어났다.

"그럼 이따 뵙지요."

연수도 꾸벅 인사를 하고 차라투스트라를 따라 방을 나갔다.

'믿음의 세계라는 것은 참으로 견고하지 않은가. 그러나 그 견고한 건축물이 세워진 땅은 한없이 가라앉고 있구나.'

차라투스트라는 이렇게 생각했다.

신의 죽음

차라투스트라와 연수가 신부의 방에서 나오자 텅 빈 복도에 한 신도만이 앉아 있었다. 그는 음침한 얼굴을 하고 계속 무언가를 중얼거렸다. 신부의 방에서 나오면서 가라앉는 땅 위 견고한 집의 모습을 떠올리던 차라투스트라는, 이내 슬픈 표정을 거두고 연수에게 고개를 돌려 말했다.

"이제 약속을 모두 지킨 것 같구나. 그럼 사람들이 벌써 도착했을지 모르니 서둘러 볼까?"

"네, 아저씨."

연수는 웃으며 고개를 끄덕였다. 그런데 차라투스트라와 연수가 잠시 머뭇거리는 사이 복도에 홀로 앉아 있던 신도의 불안한 목소리가 점점 더 커졌다. 연수가 차라투스트라를 따라 걸으며 그를 힐끔 쳐다보자 그와 눈이 마주쳤다. 연수는 재빨리 눈길을 거두었지만 그는 두 사람을 향해 소리를 질렀다.

"그런 눈으로 보지 마. 나를 동정하면서 오만 떨지 말라고!"

차라투스트라와 연수는 망설이며 멈춰 섰다. 신도가 씩씩거리며 계속 노려보자 차라투스트라는 신도에게 물었다.

"왜 이곳에 앉아 있습니까?"

"왜 그런 눈으로 쳐다보지? 왜 내가 이러고 있는지 알려고 하지? 저 방에 있는 신부가 이웃을 사랑하라고 말하던가?"

신도가 이렇게 소리치자 차라투스트라는 갑자기 웃음을 터트렸다.

"하하하! 그렇군요. 신부님이라면 그렇게 말했겠군요."

연수는 차라투스트라의 갑작스러운 웃음에 깜짝 놀랐다. 하지만 신도는 웃음을 터뜨리는 차라투스트라를 보고 돌연 기분 좋은 듯 씩 웃었다.

"내가 누군지 맞춰 봐. 그럼 내가 왜 이곳에 앉아 있는지 알려 주지."

신도가 말했다.

"글쎄요. 한때는 신을 사랑했으나 이제는 신을 버린 사람이라고 답하면 충분할까요?"

차라투스트라가 이렇게 되물었다.

"흥, 비슷하지만 틀렸어. 내가 바로 신을 죽인 사람이야!"

차라투스트라는 그의 말에 아무런 대꾸도 하지 않고 서 있었다. 다만 연수에게 고개를 돌려 걱정 어린 눈길을 보냈다.

"나를 보고 대뜸 신을 사랑했지만 이제는 버린 사람이라고 하는 걸 보니, 당신은 신을 죽인 사람의 기분이 어떤지 알고 있겠군. 나는 박해받았어. 그들은 나를 미움으로 박해하지도 않고, 그들의 추종자를 시켜 박해하지도 않았지. 그런 박해라면 나는 오히려 자랑스러워하고 즐거워했을 거야! 하지만 그들은 나를 동정했어! 나를!"

신도는 말을 하다 흥분하여 처음 보았을 때처럼 중얼거리기 시작했다.

"날 동정하지 마! 난 그 정도 거지는 아니야. 거지가 되기엔 너무 많은 것들을 가졌지! 위대한 것, 무시무시한 것, 더없이 추악한 것, 차마 말로 표현하기 어려운 것들을 잔뜩 가지고 있지! 그들은 그들의 기준으로 내가 가진 것을 하찮게 여기고 나를 동정해. 하지만 신의 동정이든 인간의 동정이든, 동정은 겸손을 모르는 법이지."

차라투스트라는 불안한 표정으로 그를 바라보다 다시 웃음을 터뜨렸다.

"하하하! 그렇지요. 겸손한 자는 동정하는 법을 모르지요."

"하찮은 인간들이나 동정을 도덕이라고 부르지. 하찮은 인간들은 커다란 불행, 추악함, 실패에는 아무런 경외심도 가지지 않으니까. 그들은 그저 작고, 악의 없고, 털이 보드랍고, 마음씨 좋은 회색 군중이야. 아무런 악의도 없이 나를 동정으로 박해하지."

"위대한 사랑은 동정을 초월해야 하지요. 그것이 신이든 인간이든."

차라투스트라는 이렇게 답했다.

"그래, 내가 신을 죽였어. 그는 죽어야만 했지. 그는 온갖 것을 보는 눈을 가졌기 때문에 나를 동정했어. 그는 인간의 모든 바닥을, 내가 감추고 싶어 하는 모든 수치와 추악함을 보았지. 그러고는 나를 동정했어! 그래서 그는 죽어야만 했어. 나를 샅샅이 훔쳐보는 그에게 복수하지 않으면 내가 죽어야 했으니까!"

신도는 잠시 말을 멈추었다. 차라투스트라는 잠시 고민하다 그에게 말했다.

"당신의 수치심을 보았기 때문인가요?"

"그래…… 그 덕분에 나는 나를 용서할 수 없게 되었어. 누구에게도 용서받을 수 없게 되었지. 그저 동정받을 뿐이야. 자기들은 아주 착한 마음씨를 가졌기 때문에 나처럼 하찮은 건 수치스럽든 말든 그저 안쓰럽게 여기기만 하면 되는 거지. 나는 그들에게 열등한 존재일 뿐이야."

"당신이 계속 '그들'이라고 부르는 건 누군가요?"

"이 동네를 어슬렁거리는 놈들이지! 찬양하고 속죄하는 일을 밥먹듯이 하는 놈들! 시커먼 옷을 입고 '네 잘못을 알고 있겠지!' 하면서 나를 보는 놈들!"

신도는 다시 말을 멈추었다. 그는 마치 딴생각에 잠긴 듯 멍한 표정을 지으며 고개를 떨구었다. 그리고 그 이후로 한동안 말을 잇지 않았다. 차라투스트라는 잠시 그런 그를 바라보다 말했다.

"나는 경멸하는 사람을 좋아합니다. 아무것도 싫어하는 것이 없고 행복하다고 노래하는 사람을 오히려 경멸하지요. 이곳에서 무얼 하고 있는지, 아니면 무얼 기다리고 있는지 모르겠지만 할 일이 끝나시거든 우리 집으로 오세요. 함께 이야기하고 싶군요. 인간은 극복되어야 할 무엇이니까요. 당신에게 나의 길을 권할 수 있으면 좋겠습니다."

차라투스트라는 주머니에서 작은 종이를 꺼내어 주소를 적더니 그것을 신도에게 주었다. 신도는 여전히 고개를 숙인 채 종이를 획 낚아채듯 받았다. 그리고는 조용히 중얼거렸다.

"극복 같은 건 없어. 내 경멸은 환멸이 될 뿐이야."

차라투스트라와 연수는 성당 밖으로 빠져나갔다.

모두의 만남

차라투스트라와 연수는 버스를 타고 나란히 앉아 차라투스트라의 집으로 향했다. 차창 밖으로는 어느새 해가 뉘엿뉘엿 저물고 있었다. 연수는 창밖을 보고 있는 차라투스트라에게 물었다.

"아까 복도에서 만난 아저씨는 왜 집으로 초대하신 거예요?"

차라투스트라는 웃으며 다시 물었다.

"왜, 그 사람이 무서웠니?"

"조금요……."

연수는 고개를 숙이며 조금은 불평 섞인 목소리로 말했다.

"좀 음침하게 보일 순 있지만 나쁜 사람 같지는 않아. 걱정하지 않아도 된단다. 나는 오히려 신부님보다 그 사람과 더 대화할 수 있을 것 같았어. 신부님은 착하고 아름다운 것에 대한 믿음, 순진한 믿음 때문에 그렇지 않은 것은 아예 보고 싶지도 않아 하지. 내가 살인을 할 수 있다고 말하면, 나는 그럴 사람이 아니라고 대답하듯이 말이야. 하지만 복도에서 만난 그 사람은 증오로 가득하지만, 자신의 부끄러움에 대해 낱낱이 알고 있지. 자기의 부끄러움에 대해 아는 사람이 다른 사람의 부끄러움을 이해하지 못할까? 나는 그렇지 않을 것 같아."

"잠깐 이야기하고 그걸 어떻게 아셨어요?"

연수는 놀라 물었다. 연수의 물음에는 여전히 불평이 조금 섞여 있었다.

"그렇지. 그 사람이 실제로 그럴지 아닐지는 내가 알 수 없긴 하지."

차라투스트라는 웃었다.

"하지만 그 사람이 한 말은 아주 귀담아들어 볼 만한 이야기였어. 너는 그 사람을 보고 불쌍하다고 생각하지 않았니?"

"조금은요……."

연수는 부끄러운 듯 대답했다.

"만약 네가 그렇게 생각했다면 그런 마음으로는 그 사람과 친구가 될 수 없을 거야. 동정한다는 건 결국 그 사람을 나보다 낮은 인간으로 보고 있음을 보여 주고 있을 뿐이거든. 그래서 그 사람은 동정이 진정한 박해라고 했지. 그 사람은 신이 자신에게 준 것도 사랑이 아니라 동정이라는 것을 깨닫고 증오심으로 가득 차게 된 것 같아. 누군가를 동정한다는 건 결국 진정으로 사랑할 마음이 없는 것이니까."

"그래도 그건 착한 마음이잖아요. 동정하는 거요."

"나쁜 마음이라고 이야기하는 건 아니야. 하지만 그건 상대방을 향해서 넘어올 수 없는 거대한 벽을 세워 놓는 것이거든. 다른 사람과 동등한 관계를 맺고 싶지 않은 사람이 착한 마음을 가졌다고 할 수 있을까?"

연수는 고개를 저었다.

"그렇지 않을 것 같아요……."

연수의 목소리에서 불평이 완전히 사라졌다. 하지만 여전히 음침한 신도가 조금 무섭게 생각되기는 했다.

"그런데 그분은 오실까요?"

연수가 물었다.

"나도 잘 모르겠구나. 그 사람이 나의 초대를 동정으로 받아들였을지도 모르니까."

차라투스트라는 이렇게 답하며 어깨를 으쓱해 보였다.

차라투스트라와 연수가 집에 도착할 즈음에는 이미 해가 언덕 너머로 숨어 버렸다. 차라투스트라의 집은 도시에서 조금 떨어진 작은 마을 꼭대기에 있었는데, 겉으로는 무척 평범해 보이는 한 층짜리 벽돌집이었다. 차라투스트라는 열쇠도 없이 문을 벌컥 열고는 연수에게 들어가라고 손짓했다. 연수가 조심스레 들어가려는데, 안에서 웅성거리는 소리가 들렸다.

"벌써 누가 오셨나 봐요."

연수가 차라투스트라를 향해 뒤돌며 말했다.

"응, 벌써 많이들 온 모양이구나."

연수와 차라투스트라가 집으로 들어가자 김기중과 김기중의 사무실 앞에서 차라투스트라에게 지팡이를 휘두르던 자, 이제하와 조윤수 모두 도착해 있었다. 그들은 자기들끼리 한창 논쟁을 벌이느라 두 사람이 들어서는지도 몰랐다.

"자네들은 자진해서 거지가 된 자의 이야기도 들어 보지 못했단 말인가? 그는 자기 재산을 전부 포기하고 집을 떠났지. 그자는 자기 재산과 부유함을 부끄럽게 생각했어. 그리고 가난한 자들에게 고귀함이 있을 것이라고 기대했지. 하지만 가난한 자들은 그를 내쳤어. 부자인 그의 동정도 싫었을 것인데, 그는 이미 가난한 자였기 때문이지. 그런데 그의 말을 누가 들어 주겠나? 함께 고귀해지자는 말이 얼마나 공허한 말로 들리겠나?"

지팡이를 휘두르던 자는 차라투스트라와 연수에게 그랬던 것처럼 자진해서 거지가 된 자의 이야기를 들려주었다.

"그자가 찾아간 자들이 고귀하지 않았던 것뿐이지, 그가 고귀하지 않다는 말은 아니지 않습니까?"

김기중이 이렇게 물었다.

"흥! 고귀하다는 게 뭔데? 나는 그런 것들이 다 공허하다고 하는 말이네. 누군가가 고귀한 마음을 먹고 그렇지 못한 자들을 동정한다면, 과연 그게 고귀한 것이냐는 말일세."

지팡이를 휘두르던 자가 콧방귀를 뀌면서 답했다.

"그렇다면 고귀한 사람이란 정말 없습니까? 어떤 희생하는 행동도 전부 오만에서 비롯된 것이란 말입니까? 인간이 가진 모든 희망이 거짓이란 말입니까?"

김기중은 절망한 목소리로 물었다.

"그래! 그런 건 다 거짓이라고! 그런 데서 희망을 찾겠다고 나서는 것도 다 사기꾼들이나 하는 거야!"

그러자 듣고 있던 이제하가 조용히 읊조렸다.

"희망이 없는 삶은 정말 영원한 형벌이군요……."

조윤수는 이제하의 말을 들었지만, 지팡이를 휘두르던 자를 향해 말했다.

"저는 그렇게 생각하지 않아요. 자진해서 거지가 된 사람의 단한 번의 선택을 오만한 선택이라고 할 수 있을진 모르겠지만, 그가 지금도 계속 자신의 신념을 위해서 살아가고 있다면 그것이 정말 의미 없는 삶일까요? 매 순간이 투쟁인 그 사람의 삶을 저는 가치 없다고 말할 수 없을 것 같군요."

그때 차라투스트라와 연수가 인기척을 내었다. 그러자 차라투스트라를 발견한 김기중, 조윤수, 이제하가 일어나 그를 맞았다. 지팡이를 휘두르던 자는 그들을 그저 바라만 보고 있었다. 차라투스트라는 사람들 하나하나를 온화한 표정으로 바라보았다.

"벌써 통성명은 하신 것 같군요. 서로의 절망을 나누고 있으신 것 같으니……."

"차라투스트라, 저는 다시 희망하는 법을 배우고자 이곳에 왔습니다."

김기중이 감격한 목소리로 말했다. 차라투스트라는 자신의 손을 잡으러 다가오는 김기중에게 정중히 사양의 표시를 하며 잠시 뒤로 물러섰다가 다시 모두를 바라보았다.

"여러분은 아직도 어깨에 많은 짐과 추억을 지고 있군요. 무언가 조금만 짐을 덜면 다시 행복해질 수 있으리라고 생각하면서."

"그렇지 않습니다, 선생님."

조윤수와 이제하가 동시에 말했다.

"저는 여러분의 주장 속에서 새로운 생각을 바라는 마음을 보았지요. 그래서 오늘 여러분을 초대하게 되었습니다."

차라투스트라가 이렇게 말하고 있을 때, 문 쪽에서 인기척이 느껴지더니 이윽고 신부가 들어왔다. 신부는 여전히 검은 옷에 창백한 얼굴로 숨을 헐떡이고 있었다. 그런데 신부 옆에는 처음 보는 것 같은 사람이 서 있었다. 연수는 검은 정장에 빨간 넥타이를 맨 그의 얼굴을 자세히 살펴보았다. 그는 성당 복도에서 만난 신도였다. 연수는 깜짝 놀랐다. 그의 행색뿐만 아니라 표정과 자세도 낯설게 느껴졌다. 어딘지 모르게 으스대는 얼굴을 하고서는 사람들을 내려다보고 있었기 때문이다. 신부는 제일 가까이 있는 연수의 손부터 부여잡더니, 차라투스트라의 집에 모인 모든 사람의 손을 잡고 다정하게 인사했다.

"이곳에 오신 모든 분들에게 경건함이 느껴지는군요. 아주 오랜만에 마음이 아주 따뜻해집니다."

신부는 감격한 목소리로 이렇게 말했다. 다들 얼떨떨한 표정으로 신부의 손을 잡았다가 금세 따뜻한 표정이 되었다. 차라투스트라는 조용히 그런 모습을 바라보고 서 있다가 신부의 인사가 끝나자 말을 시작했다.

"여러분이 친히 이곳까지 와 주셔서 무척 기쁩니다. 나는 여러분이 더욱 높은 인간, 강한 인간, 웃는 인간이 되기를 바랐습니다. 낙타가 아니라 사자가 되기를…… 오늘에야말로 여러분에게 초인에 관해 이야기할 수 있을 것 같군요."

차라투스트라는 기쁨을 감추지 못하는 목소리로 이렇게 말했다. 그리고 이내 담담한 목소리로 말을 이어 나갔다.

"나는 내 책에서 정신의 세 단계 변화를 이야기한 바 있습니다. 정신이 어떻게 낙타가 되고, 낙타가 어떻게 사자가 되며, 마지막으로 사자가 어떻게 어린아이가 되는지를……."

모든 사람이 자리를 잡고 앉아 그의 말을 경청했다. 하지만 단 한 사람, 신도만은 벽에 등을 기대고 팔짱을 낀 채 서 있었다.

"강하고 참을성이 있는 정신은 그만큼 무거운 것을 원합니다. 내가 더 많이 짊어질수록 나는 더 강하다는 사실에 기뻐할 수 있기 때문이지요. 이런 정신은 지금의 고통을 이겨 내면 나는 더 행복해진다고 말합니다. 더 큰 고통을 이겨 낼수록 나는 더 강해지고, 모든 것을 이겨 내고 맛보는 행복은 너무도 달콤하다고 말하지요. 이건 불행한 지금의 세계를 잘 견디면 천국으로 갈 수 있다는 것과 다르지 않습니다. 천국이 없을 수도 있다는 사실은 아예 생각조차 할 수 없습니다. 당장 내 등에 있는 짐이 무겁고, 이것을 내려놓는 법을 모르니까요. 이런 정신은 모든 무거운 것을 짊어지고 사막으로 들어가는 낙타와 같습니다. 스스로 나의 정신을 사막으로 데리고 들어가는 것이지요. 쓸쓸하기 짝이 없는 사막으로 말입니다……."

김기중은 깊은 깨달음을 얻은 듯 고개를 끄덕였다.

"그런데 정신에 두 번째 변화가 일어납니다. 정신은 사자가 되고, 자유를 쟁취하여 사막의 주인이 되고자 하지요. 사자는 '해야 한다'는 거대한 용과 싸웁니다. 더 무거운 짐을 지어야 한다든지, 지고 있는 짐을 기뻐해야 한다든지 하는 모든 '해야 한다'와 싸우는 겁니다. 마침내 싸움에서 승리한 정신은 '나는 하려고 한다'고 말합니다. 사자는 체념을 모르지요. 기존의 가치나 의무에 순응하지 않습니다.

9

무엇이 되든

새로운 가치를 스스로 창조하기 위해 자신의 정신을 자유롭게 하는 것이 사자가 하는 일입니다. 그 과정에서 자기 자신이 낙타였을 때 누렸던 안락한 삶을 모두 파괴한다고 해도 말입니다……."

차라투스트라에게 지팡이를 휘둘렀던 자 역시 고개를 끄덕였다.

"하지만 나는 정신에 마지막 단계가 있다고 말하고 싶습니다. 사자가 할 수 없는 일을 어린아이가 할 수 있습니다. 그것은 바로 망각입니다. 바닷가에서 노는 어린아이는 언제나 파도가 새롭게 가져다주는 장난감에 기뻐합니다. 파도가 자기 장난감을 휩쓸어 가 버린 뒤에도 말입니다. 어린아이에게 놀이는 언제나 새로운 시작이고 새로운 즐거움입니다. 그러니까 새로운 가치를 창조하는 일은, 기존의 가치로부터 등을 돌리는 순진한 망각으로부터 '나는 하려고 한다'가 생겨날 때 가능한 것입니다. 이것이 바로 초인이 되는 방법입니다."

이제하와 조윤수도 고개를 끄덕였다.

"나는 그대들의 정신이 더 이상 낙타이기를 거부하고 사막에서 용과 싸우고자 하는 의지를 가진 사자라고 생각했습니다. 그래서 모두를 함께 집에 초대해도 좋겠다고 생각했지요. 하지만 여러 번 거듭 말씀드리는데, 나는 여러분을 위해 아무것도 해 줄 수 없습니다. 그대들의 정신을 사자로 변화시키고, 다시 어린아이로 변화시키는 일은 오직 그대들의 정신만이 할 수 있지요. 자기를 극복할 수 있는 건 오직 자기 자신뿐입니다. 나는 오늘 그저 저녁을 대접하는 일 말고 다른 일은 하지 않으려 합니다. 당신들의 고통을 덜어 주고 편안하게 만들어 주는 건 할 수도, 하고 싶지도 않으니까요. 그렇다면 그건 신이 하는 것과 다를 바 없게 되어 버리지요……."

신부와 신도 역시 고개를 끄덕였다. 연수는 고개를 끄덕이는 사람들을 신기하게 바라보았다. 모두들 차라투스트라가 아무것도 하지 않겠다고 말하는데도, 무언가를 원하는 눈빛으로 그를 바라보고 있었다.

10

만찬

차라투스트라의 집에 모인 사람들은 이제 모두 기다란 나무 식탁에 둘러앉았다. 몇 병의 와인과 빵, 차라투스트라가 손수 구운 양고기가 식탁 위에 올라왔다. 모두가 막 식사를 시작했을 때 차라투스트라는 잠시 다른 생각에 잠겼다.

'초인이 되는 길은 곧 어린아이가 되는 일이다. 기존의 낡은 가치에서 오는 안정감 때문에 새로운 가치를 두려워하지 않을 수 있는 것은 어린아이뿐이다. 하지만 나는 어린 연수에게 그것을 올바로 가르칠 수 있을까? 나는 이미 아무것도 해 주지 않겠노라고 선언하지 않았던가? 나의 가르침 없이도 연수는 스스로 사막에서 빠져나와 무언가를 진정으로 원하는 상태에 도달할 수 있을까?'

차라투스트라가 이런 생각을 하고 있을 때, 조윤수는 사람들에게 일종의 연설을 펼치고 있었다.

"제 말은 현재가 중요하다는 거예요! 아까 차라투스트라 선생님께서도 불행한 현재를 잘 견뎌서 천국으로 가는 것이 얼마나 의미 없

는 말에 불과한지 말씀하시지 않았어요? 저는 강단에 있으면서 너무
도 답답함을 느껴요. 요즘 친구들은 바로 자기 자신이 지금 이 세상
을 바꿀 수 있는 사람들이라는 것을 몰라요. 아니, 모르는 게 아니라
그렇게 생각하고 싶지 않은지도 모르겠어요. 자기 앞날이 너무 캄캄
하고 당장에 해야 할 일은 산더미이고 그렇단 거죠. 그러니까 세상이
아무리 부조리해도 그걸 바꾸는 게 나랑 무슨 상관이냐 하고 마는 거
예요."

조윤수가 이렇게 말하자 이제하는 콧방귀를 뀌었다.

"흥, 요즘 친구들이라니. 도무지 자기 자신은 돌아보지 않는군요.
당신의 대학 시절은 뭐가 달랐단 말이죠? 순 자기 앞날만 생각하면
서 요리조리 도망 다니시던 게 눈에 선한데요! 하하! 요즘 친구들은
누가 가르치죠? 누가 이 세상을 이 모양으로 만들었죠? 강단에서는
항상 '현실을 즐겨라!' 따위나 이야기하시는 분이 양심도 없으시지!"

이제하가 이렇게 말하자 조윤수는 얼굴이 붉어졌다.

"너무 말씀이 심하시군요. 하지만 이해해요. 당신은 항상 그런 식
이었죠. 뒤에서 비웃고 욕하고선 그것이 당신의 자존심을 세워 준다
고 생각했죠. 하지만 그럴까요? 세상이 아무런 의미가 없다고, 과거
가 똑같이 반복될 뿐이라고 비웃고 다닌다면 거기에선 무슨 세상을
바꾸는 힘이 나온다는 거죠?"

"그건 나에 대한 반대가 아니라 차라투스트라 선생님에 대한 반

대로군요. 하하! 과거가 영원히 반복될 뿐이라면 우리는 이 돌아온 과거, 그러니까 현재를 영원히 반복돼도 좋을 만한 것으로 만들어야 하지요. 필연적으로요! 그것이 희망이 오는 방식입니다. 오늘 선생님의 말씀을 듣고 깨달았지요."

이제하가 말을 끝내기도 전에 조윤수는 소리쳤다.

"제가 하고 싶은 말이 바로 그 말이에요!"

그러자 이제하가 다시 소리쳤다.

"아니요, 이것은 당신이 '현재를 즐겨라!'라고 공허하게 외치는 일과는 다른 겁니다!"

"당신은 똑같이 반복되는 것에 집착하지요. 그렇다면 현재를 바꾸는 힘은 어디서 온다는 말이에요? 결국 차라투스트라 선생님 역시 우연적인 것의 힘을 긍정하고 계시지요! 그렇지 않다면 어떻게 현재가 변화할 수 있어요?"

조윤수가 따지듯이 물었다.

"그러면 선생님이 말씀하시는 모든 체계가 무너져 버립니다. 모든 것이 다 우연일 뿐인데, 그에 대해 뭐라고 말할 수 있단 말입니까? 우리가 학문을 세우고 체계를 만드는 것은 두렵기 때문입니다. 인간은 죽는 존재이고, 그래서 죽음에 대한 두려움을 이겨 내기 위해서는 그것을 이해하고 극복할 수 있는 체계가 필요한 겁니다!"

이제하가 이렇게 말하자 잠자코 듣고 있던 차라투스트라가 나지막이 한숨을 내쉬었다.

"나는 우리가 배우는 이유를 두려움에서 찾고 싶지 않습니다. 더구나 그런 식으로 생겨난 학문은 두려움을 극복하는 데 하나도 도움이 되지 않지요. 죽음이 두려워 천국이라는 가상의 왕국을 만들어 내고 그곳에 평화를 선사한들, 그것이 우리에게 가난한 위안 말고 무엇을 준단 말입니까? 나는 나의 배움이, 그리고 나의 가르침이 용기를 가지게 한다고 생각해요. 용기를 가지지 않는다면 두 분의 배움은 아무런 의미가 없습니다."

차라투스트라가 이렇게 말하자 잠시 침묵이 이어졌다. 얼마나 침묵이 이어졌을까 신부가 우울한 목소리로 말했다.

"우리가 용기를 가지려면 힘을 돋우고 마음을 강하게 하는 어떤 것이 분명히 이 자리에 있어야 하지 않겠습니까? 우리는 신이 죽고 난 이 시대에도 도덕의 엄중함에 대해 말할 수 있어야 하는 것이 아닐까요? 그런 것이 없다면 어떻게 옳은 것에 대해 신념을 가지고 그것을 위해 싸울 용기를 가진단 말이오."

신부가 이렇게 말하자 김기중이 맞장구를 쳤다.

"그렇습니다. 결국 우리는 '우리에게 옳은 것이 무엇인가' 하는 문제로 돌아갈 수밖에 없습니다. 그렇지 않다면 우리는 모두 자신에게만 좋은 것을 쫓게 될 테지요. 모두가 '우리'에 대해 생각해야 합니다."

이때 잠자코 있던 신도가 말했다.

"시끄럽군. 나는 신을 죽이고, 나에게 잣대를 들이미는 모든 것에 복수했어. 결국 또 나에게 뭔가를 강요하려고 한다면 나는 당신들에게도 복수하고 말 거야! 이제 내가 다시 믿을 수 있는 건 나에게 이래라저래라 하지 않는 것뿐이야. 바로 이 아이처럼 말이지."

신도는 이렇게 말하면서 연수를 가리켰다. 조용히 앉아 있던 연수는 깜짝 놀라 그를 쳐다보았다. 신도는 계속 말을 이었다.

"이 아이의 순진함을 봐. 이 아이가 바로 아까 저 차라투스트라라는 자가 말한 그런 어린아이가 아닌가? 아무것도 물들지 않고 모든 것에 웃을 수 있는, 바로 그런 아이가 아니냐는 말이야. 나는 이 아이를 숭배하겠어. 더 이상 있지도 않은 신이나 도덕보다는!"

신도를 황당하다는 듯 쳐다보던 이들이 호기심 어린 눈빛으로 모두 연수를 바라보았다. 연수는 당황하여 아무 말도 하지 못했다. 신도는 말을 이어 갔다.

"나는 오늘 이 두 사람을, 그리고 당신들을 만나서 너무 기뻐. 오늘 하루 때문에 나의 평생을 사랑하게 되었어. 아니, 이런 말로도 충분하지 않아. 이 세계에서 살아가는 일이, 이 세계를 사랑하는 일이 얼마나 의미 있는 일인지 알게 되었지. 나는 이제 죽음에 이렇게 말할 수 있어. 이게 삶이던가? 자, 다시 한번!"

이제하와 조윤수는 이 말을 듣더니 조용히 미소 지었다. 그리고 차라투스트라를 바라보며 두 손을 모아 인사했다. 그러자 차라투스트라는 고개를 저으며 말했다.

"아니, 당신들은 연수도 나도 숭배할 수 없습니다. 오직 그대들 자신에게만 경의를 표하세요. 나는 나의 모든 이야기가 오직 그렇게만 말한다는 것을 다시 강조하고 싶습니다."

경건한 표정을 짓고 있던 이들이 모두 차라투스트라를 바라보았다.

"마지막으로 다시 영원회귀에 대해 말해야겠군요. 나는 시간이 영원하다고 생각합니다. 하지만 시간은 그 자체로 존재하는 어떤 것이 아니지요. 무슨 말인지 알겠습니까? 시간은 변화이고, 변화란 단지 우리의 경험일 뿐입니다. 내가 이렇게 말하는 이유는 우리 모두에게 시간이 같은 의미일 수 없다고 이야기하기 위함입니다. 우리 각자의 변화는 시계로 잴 수 있는 것이 아닙니다."

차라투스트라는 잠시 연수를 바라보다 말을 이었다.

"연수가 있으니, 사춘기라는 것을 예로 들어 볼까요? 우리는 2차 성징이라는 특정한 시기를 통계적으로 정해 놓고, 그 기간에 일어나는 마음의 변화를 사춘기라고 부르지 않나요? 요즘은 '중2병'이라고 부르기도 한다더군요. 그런데 이게 과연 옳은 것일까요? 연수에게는 연수만이 할 수 있는 고민이 있고, 그 고민의 시기는 정해져 있지도 않습니다. 심지어 영원히 끝나지 않을 수도 있지요. 그런데 그것

을 재는 중2병에 걸렸다든지, 호르몬 때문이라든지 하면서 누구에게
나 일어나는 별다른 일이 아닌 것처럼 말한다면 그만큼 폭력적인 것
이 있겠어요? 영원회귀도 그런 시간으로 이해하면 좋겠습니다. 영원
회귀는 동일하게 무차별적으로 반복되는 시간도 아니고, 오직 현재
만을 즐기라는 것도 아닙니다."

차라투스트라는 이렇게 말하고는 이제하와 조윤수를 바라보았
다. 두 사람은 조용히 고개를 끄덕였다.

"내가 책에 '이것이 삶이던가? 그렇다면 다시 한번'이라고 쓴 것
은 무한한 과거와 미래가 만나는 입구에서 우리는 늘 이렇게 외칠 수
있어야 한다는 것을 말하기 위해서였습니다. 그저 모든 돌아오는 것
에 '다시 한번'을 외치면서 체념하는 것도 아니고, 오직 '현재를 즐
겨라'라는 것처럼 이 입구 앞에서 즐거움만 골라내는 것도 아닙니다.
무한히 뻗어 나가는 과거와 미래 앞에서 현재를 사랑하는 것, 그것
은 나의 과거의 한 부분, 미래의 한 부분, 현재의 한 부분을 사랑하라
는 것이 아니라 나의 운명 전체를 사랑하라는 것입니다. 아모르 파티
(Amor Fati), 그래서 나는 '운명을 사랑하라'고 말하는 겁니다."

연수는 나지막이 '아모르 파티'라고 혼자서 다시 말해 보았다.

"고통마저도 사랑할 수 있는 건 우리가 과정 중에 있기 때문입니
다. 우리 자신을 극복하는 것은 어느 날 한 번 달성하면 끝나는 것이
아닙니다. 언제나 아슬아슬한 줄타기를 하는 것처럼 말이지요. 그런

우리의 운명을 영원히 반복될 만한 것으로 사랑하는 것, 내가 말하는 건 바로 그것입니다."

차라투스트라는 이렇게 말하고 더 이상 말을 잇지 않았다.

어느새 밤이 찾아오고 있었다. 차라투스트라가 말한 뒤로 사람들은 자유롭게 웃으며 이야기를 나누고 잔을 부딪쳤다. 어떤 이들은 논쟁을 계속하기도 했지만, 어느새 취기가 오른 사람들처럼 함께 어깨동무하고 서로의 등을 두드리며 웃었다. 차라투스트라는 조용히 앉아 그런 그들을 바라보았다. 연수는 신도에게 붙들려 한참 동안 칭찬의 말을 듣다가 풀려났다. 그리고 조용히 차라투스트라에게 다가갔다.

"이만 돌아가야 할 것 같아요. 엄마가 걱정하실 거예요."

연수가 이렇게 말하자 차라투스트라는 조용히 고개를 끄덕이고 연수를 따라 나왔다. 그런데 차라투스트라는 집 밖으로 나와서도 연수를 보내지 않고 계속 언덕을 따라 내려왔다.

"이제부터는 혼자 갈 수 있어요."

연수가 말했다.

"응, 알고 있어. 하지만 나도 나의 길을 가는 거란다. 이제 저곳으로는 다시 돌아가지 않을 거야."

"네? 아저씨 집으로요?"

연수가 놀라 물었다.

"응, 이제는 나를 찾아와도 만날 수 없을 거야. 오늘 아침처럼 우연히 만나지 않는다면 말이지."

연수가 멈춰 섰다.

"왜요, 아저씨?"

"왜라…… 연수 너를 처음 만났을 때 나는 네 반짝거리는 눈을 보면서 생각했지. 태양은 비추어 줄 것이 없다면 그 행복은 아무 소용없다고. 혼자서만 타오르는 건 아무런 가치도 없다고. 나는 네가 첫발을 내딛게 해 주고 싶었단다. 공중 위에서 말이야."

연수는 고개를 끄덕였다.

"나는 나의 방에만 머물러 있을 수 없단다. 다시 또 나를 필요로 하는 사람들을 만나러 떠나야지. 그것이 내가 나의 운명을 사랑하는 방식이야."

연수는 어쩐지 코끝이 찡해 오는 것을 느꼈다.

"그럼 편지라도 좋으니 연락할 방법을 알려 주세요……."

연수는 금방이라도 울 것 같았다. 차라투스트라는 조용히 웃으며 연수의 머리를 쓰다듬었다.

"그래, 갈 곳을 모르고 떠날 수는 없는 일이지."

차라투스트라는 이렇게 말하며 연수에게 주소를 적은 작은 쪽지를 주었다. 그리고 이내 두 사람은 다시 말없이 걸었다. 연수는 더 묻고 싶은 말들이 많은데 어디서부터 물어야 할지 도무지 모르겠다고 생각했다. 그러다가 최종적으로 남은 질문은 '나는 초인이 될 수 있는 사람인가요?'였다. 하지만 왠지 물어볼 수가 없었다. 물어서는 안되는 것 같은 기분이 들었다. 연수가 그런 생각을 하며 망설이는 사이, 어느새 갈림길에 다다르고 차라투스트라는 연수에게 손을 내밀었다. 연수는 결국 질문을 하지 못하고 차라투스트라의 손을 잡았다. 두 사람은 가볍게 악수를 나누고 헤어졌다.

집으로 돌아오는 버스 안에서 연수는 하지 못한 질문을 계속 되뇌었다. 차창 밖으로 어둠이 내려앉은 풍경이 흘러갔다.

'아저씨는 어디로 가고 있을까?'

연수가 되뇌던 질문은 또 다른 질문으로 바뀌었다. 연수는 차라투스트라가 준 메모를 펼쳐 보았다. 거기에는 아무리 들여다보아도 알 수 없는 다른 나라 말이 몇 자 쓰여 있었다.

연수가 집에 들어가자 형과 엄마는 이미 도착해 있었다. TV에서는 뉴스가 한창이고, 엄마는 방금 막 저녁을 먹고 치운 그릇들을 설거지하고 있었다. 연수가 들어오는 소리가 들리자 엄마는 부엌에서 소리쳤다.

"너 어디 갔다 이제 왔어? 전화는 왜 안 받고!"

"친구랑 놀다가 못 봤어. 미안해."

"아니, 이 시간까지! 너 숙제는 다 했어? 밥은 먹은 거야?"

엄마는 여전히 분주하게 움직이면서 말했다.

"응, 먹었어. 숙제할게."

연수는 이렇게 말하고는 방으로 들어가 침대에 철퍼덕 팔베개를 하고 누웠다. 참 긴 하루였다. 그런데 집에 돌아와 이렇게 누워 있으니 아무 일도 없었던 것만 같았다. 모든 것이 신기할 정도로 그대로였다. 고개를 돌려 책장을 바라보니 차라투스트라의 책도 여전히 제자리에 꽂혀 있었다.

모든 사람을 위한, 그러나 어느 누구를 위한 것도 아닌 책

연수는 침대에서 몸을 일으켜 차라투스트라의 책을 집었다. 책 날개를 펼쳐 보니 방금 막 헤어진 모습 그대로 차라투스트라가 거기 있었다. 그때 설거지를 끝낸 엄마가 연수의 방문을 벌컥 열었다.

"아니, 너는 어떻게 된 애가……."

연수는 놀라 차라투스트라의 책을 든 채로 문가에 선 엄마를 쳐다보았다. 엄마는 책을 펼치고 서 있는 연수를 보고 화가 나 튀어나오던 말을 잠시 멈추었다.

"숙제하는 거니?"

"아, 응."

연수는 엄마에게 차라투스트라 이야기를 하려다 어디서부터 해야 할지 몰라 웅얼거리듯 겨우 대답했다. 자기 대답에 놀라 몇 마디 덧붙이려고 했지만 다시 또 그만두었다.

"그래, 그럼. 엄마가 방해 안 할게."

엄마는 오늘따라 이상한 반응을 보이는 연수를 보며 고개를 갸우뚱거리더니, 이내 방문을 닫고 밖으로 나갔다. 연수는 문가를 잠시 멍하니 바라보고 서 있다가 책상 앞에 앉았다. 그리고 차라투스트라의 책을 읽어 나가기 시작했다.

얼마나 읽었을까, 문밖은 더 이상 TV 소리도 나지 않고 고요해졌다. 연수는 잠시 책을 엎어 두고 방 밖으로 나갔다. 불 꺼진 마루에 나가 보니 형의 방문 아래로 하얀빛이 새어 나오고 있었다. 연수는 형의 방문을 열었다. 형은 책상에 앉아 공부를 하고 있었다.

"형, 시험 잘 봤어? 고생했어."

연수가 갑자기 대뜸 문을 열고 이렇게 말하자 형은 깜짝 놀란 모습으로 연수를 쳐다보았다.

"아, 뭘…… 고마워."

형이 당황하며 말하자 연수는 씩 웃었다.

"시험 문제 안 어려웠어?"

"그냥 그랬지, 뭐. 지금 다시 보는 중이야."

"와, 형은 정말 대단하네."

연수의 입에서 이런 감탄이 나오자 형은 또 한 번 놀랐다.

"왜 그래, 오늘?"

연수는 그냥 씩 웃었다.

"참, 형. 물어보고 싶은 게 있는데, 형은 '모든 사람을 위한, 그러나 어느 누구를 위한 것도 아닌 책' 읽었어?"

연수는 형에게 조심스럽게 물었다.

"차라투스트라 책 말하는 건가? 아니, 안 읽었는데."

형은 대수롭지 않은 듯 대답했다.

"응, 그랬구나."

연수는 이렇게 말하고는 다시 망설였다. 형에게 오늘 차라투스트라를 만났다고 이야기하고 싶었지만, 어쩐지 입이 떨어지지 않았다.

"알았어, 그럼 공부해. 힘내!"

연수는 이렇게 말하고 형의 방문을 닫았다. 형은 그런 연수를 이상하다는 듯 힐끔 한 번 쳐다보고는 다시 문제를 풀기 시작했다. 연수는 방으로 돌아갔다. 그리고 그날 밤, 밤새 차라투스트라의 책을 끝까지 읽었다.

어느새 형도 잠든 고요한 밤, 창밖으로 매미 소리만 맴맴 들렸다. 책의 마지막 장을 넘기고 나서도 연수는 잠을 이루지 못했다. 연수는 침대에 누워 오늘 일어났던 많은 일들을 다시 생각해 보았다. 연수가 만난 많은 사람들, 그들이 들려준 각자의 이야기들, 그리고 차라투스트라……. 연수는 차라투스트라에게 하고 싶었던 마지막 질문을 떠올렸다.

'나는 초인이 될 수 있는 사람인가요?'

연수는 머릿속에 맴돌았던 그 질문을 결국 하지 못했다. 하지만 다시 생각해 보니, 묻지 않기를 잘했다 싶었다. 차라투스트라는 오늘 만난 사람들에게 그런 건 자기가 가르쳐 줄 수 있는 것이 아니라고 했다.

'나는 초인이 될 수 있을까?'

이건 나 자신 말고는 누구도 답해 줄 수 없는 질문이었다.

비가 오려는지 서늘해진 밤공기가 갑자기 세차게 불어와 침대에 누운 연수의 머리카락을 흔들었다. 연수는 오늘 보았던 줄 타는 사람을 떠올렸다. 위태로워 보이면서도 행복해 보이던 그 남자……. 차라투스트라는 줄 위에 선 그 사람을 보면서, 초인이 되려는 인간의 모습과 비슷하다고 이야기했었다. 줄 위에 선 사람처럼 스스로를 극복하고 초인이 되는 과정은, 끝없는 고독을 마주하는 일이고 멈춰 설 수도 다시 돌아갈 수도 없는 과정이라고도 했다.

'나는 첫발을 내디뎠을까? 나는 이미 줄 위에 서 있는 것일까?'

연수는 두렵기도 했지만 희미한 설렘이 마음속에 차오르는 것 같
았다. 밤은 깊어 가고 있었다. 오늘처럼 이렇게 잠 못 이루는 밤이 종
종 있었다. 시험 전날, 형이 상을 타 오던 날, 엄마에게 혼난 날…… 그
런 날들은 다음 날 아침이 되면 몽롱한 기분과 함께 잠잠해지곤 했다.
오늘 일어났던 일도, 지금 하고 있는 생각도 내일이 되면 사라져 버릴
까? 연수는 다시 차라투스트라를 생각했다. 차라투스트라는 지금쯤
어디로 가고 있을까? 언젠가 차라투스트라를 다시 만날 수 있을까?

연수는 다시 차라투스트라를 만날 수 있다면, 그때는 자신이 초
인에 가까운 모습이 되어 있으면 좋겠다고 생각했다. 침대에 비스듬
히 누워 있던 연수는 몸을 일으켜 책상에 앉아 노트를 꺼냈다. 이제
밤은 완전히 깊어져 있었다. 연수는 노트 첫 장을 펴 펜으로 꾹꾹 한
자 한 자 적어 내려갔다.

"차라투스트라 아저씨에게."

부록

프리드리히 빌헬름 니체(Friedrich Wilhelm Nietzsche, 1844~1900)는 1844년 10월 15일 프로이센 작센 주의 뢰켄에서 태어났다. '프리드리히 빌헬름'이라는 이름은 아버지가 당시 프로이센 왕의 이름을 따서 지은 것이다. 아버지 카를 루트비히 니체는 루터 교회의 목사였다. 어머니 프란치스카 욀러 또한 목사의 딸이었다. 그래서 사람들은 니체 철학의 반종교적 성격이 그가 보낸 경건한 어린 시절에 대한 반감으로부터 비롯된 것이라고 말하기도 한다. 그러나 니체는 1849년, 어린 나이에 아버지를 잃은 뒤에도 평생 누구보다도 아버지를 사랑하고 존경했다.

아버지가 돌아가신 뒤 1856년, 니체 가족은 나움부르크로 이사를 하고, 니체는 이곳에서 평화로운 학창 시절을 보냈다. 이후 그는 포르타 공립 학교에서 엄격한 고전 교육을 받고, 문헌학과 신학을 공부하기 위해 본 대학에 들어갔다.

본 대학에 있는 동안 니체는 마침내 신학을 그만두기로 결정했다. 포르타 공립 학교를 떠나기 전 이미 그는 기독교의 진리와 종교 자체의 정당성을 의심하게 되었지만, 어머니의 기대를 저버리지 못했기 때문에 신학 공부에 진지하게 임하려고 했다. 그러나 본 대학에 들어가면서 점차 확고한 태도를 가지고 신학을 그만두었다. 당시 그는 여동생 엘리자베스 푀르스터-니체에게 다음과 같이 편지를 보내기도 했다.

"만일 네가 영혼의 평화와 행복을 원한다면, 믿어라. 하지만 네가 진리의 사도가 되고 싶다면 질문해라."

1865년 니체는 라이프치히 대학에 들어가기 위해 본을 떠났다. 그리고 1869년까지 라이프치히에 머물렀다. 이곳에서 그는 문헌학을 공부하고, 쇼펜하우어의 《의지와 표상으로서의 세계》를 접했으며, 바그너의 음악에 심취하였다. 니체는 청년 시절부터 작곡을 하고 시를 쓰며 자신의 예술적, 철학적 정체성을 찾아 나갔다. 그것이 라이프치히에서 보낸 시간 동안 완성되어 갔다고 할 수 있다.

니체의 지도 교수였던 리츨 교수는 니체를 훌륭한 문헌학자로 신임하였고, 그의 추천으로 니체는 스물네 살의 나이로 바젤 대학교 교수로 임용되었다. 그리고 1879년 건강이 악화되어 교수직을 그만두기 전까지 그곳에 머물렀다. 바젤에 머물면서 니체는 《비극의 탄생》(1872), 《반시대적 고찰》(1873~1876), 《인간적인, 너무나 인간적인》(1878) 1권을 출간했다.

니체는 첫 저서인 《비극의 탄생》에서 그리스 비극을 분석하면서, 예술의 바탕에 있는 아폴론적 기반과 디오니소스적 기반을 구분한다. 태양의 신이면서 음악과 시를 관장하는 신인 '아폴론'이 정돈된 형식을 상징한다면, 술의 신이자 풍요와 황홀경의 신인 '디오니소스'는 정돈된 형식 너머로 흘러넘치는 풍부함, 황홀함을 상징한다. 이 두 가지가 상호 작용하면서 예술이 탄생하는 것이다.

니체의 이러한 주장은 당시에 문헌학적 연구와는 동떨어진 것으로 비판받았지만,《비극의 탄생》은 뛰어난 미학적 저서임은 물론이고 인간 본성의 두 구분을 보여 주었다는 측면에서 훌륭한 철학 저서로 평가되고 있다. 이후 니체는 문헌학에 머물지 않고 본격적으로 역사적, 철학적, 미학적 고찰을 이어 나갔다.

1876년 니체는 바그너와 오랜 인연을 끊고 완전히 결별했는데, 바그너의 작품에서 독일 민족주의, 반유대주의의 성격을 발견하였기 때문이다. 이후 출간한《인간적인, 너무나 인간적인》은 반바그너적인 책이었으며 바그너 역시 이를 알아보았다. 니체는 바그너와 그를 추종하는 사람들, 그리고 모든 맹목적인 이상을 좇는 자들에게서 '인간적인, 너무나 인간적인 것'을 발견하였다. 어떤 반론도 없는, 그래서 변화할 가능성을 잃어버린 이상

적인 것은 얼어붙은 얼음일 뿐, 어떤 것도 자유롭게 할 수 없다고 생각했다.

　이 시기부터 니체는 건강이 더욱 악화되어 1879년, 바젤 대학교를 완전히 떠나 프랑스, 이탈리아, 스위스 등지에서 요양하면서 저술 활동에 몰두했다. 하지만 건강이 점점 더 악화되어 반복되는 편두통과 탈진에 시달렸으며, 환자용 식사만을 해야 했고, 계속되는 눈의 통증에 시달렸다. 그는 1880년 주치의에게 보내는 편지에 "나의 존재는 끔찍한 짐입니다. 너무 고통스러워 거의 자포자기 상태입니다. 그나마 지적, 도덕적 영역에서 가장 유용한 여러 시도와 실험을 하고 있지 않았다면, 벌써 오래전에 제 존재를 내던져 버리고 말았을 겁니다"라고 썼다.

　이러한 큰 고통에도 불구하고 니체는《인간적인, 너무나 인간적인》(1880)을 완성했고,《아침놀》(1881),《즐거운 학문》(1882),《차라투스트라는 이렇게 말했다》(1883~1885),《선악의 저편》(1886),《도덕의 계보》(1887)를 집필했다.

　《즐거운 학문》에서는 "신은 죽었다"는 말이 처음 선언되었고,《차라투스트라는 이렇게 말했다》에서는 '초인'이라는 개념이 처음 등장하였다. 니체의 "신은 죽었다"는 말은 이후 서구 지성사에 큰 영향을 주었다. 단순히 종교적인 의미에서 신의 죽음을 말하는 것이 아니라, 늘 자기보다 위대한 어떤 존재를 상정해 놓고 그에 기대는 인간의 지성에 대하여 그런 방식의 문화와 도덕은 이미 끝났고, 오직 인간의 힘으로 새로운 문명의 시작이 이루어져야 함을 선언하는 것이었기 때문이다. 초인 역시 그러한 맥락에서 등장한, 자기를 극복하는 인간을 의미한다.

쓰러지기 1년 전인 1888년 한 해 동안 니체는 엄청난 양의 작품을 쏟아 내었다. 이 시기에 이미 니체의 정신은 돌이킬 수 없을 정도로 이상 증세를 보이고 있었지만, 자신의 책 내용에 대한 지배력은 잃지 않고 침착함을 유지했다.《바그너의 경우》,《우상의 황혼》,《니체 대 바그너》,《안티크리스트》,《디오니소스 송가》,《이 사람을 보라》등 한 해 동안 쏟아 낸 작품들 중《우상의 황혼》과《안티크리스트》는 그가 기획했지만 미완에 그치게 되는《힘에의 의지》를 위한 소묘를 담고 있기도 하다.

1889년 1월 3일 아침, 마침내 니체는 이탈리아 토리노의 광장에서 마부가 말을 때리는 장면을 보고 정신을 잃고 쓰러졌다. 비명을 지르며 말을 껴안은 그를 하숙집 주인이 발견하여 집으로 옮겼지만 오랫동안 깨어나지 않았고, 깨어난 뒤에는 신체 마비와 정신 이상 증세로 더 이상 일상생활이

불가능하게 되었다. 이후 그는 11년 동안 어머니와 여동생의 간호를 받으며 투병하다가 1900년 바이마르에서 생을 마감했다.

니체의 영향력은 그의 사후에도 지속되었다. 그는 체계적이고 논리적인 글보다는 풍부하게 해석될 수 있는 간결하고 함축적인 잠언을 남겼기 때문에, 여러 사람들에 의해 찬양되고 악용되기도 하였다. 특히 동생 엘리자베스는 반유대주의로서 니체의 철학을 세우려 하였고, 이를 위해《힘에의 의지》라는 니체의 미완의 작품을 마음대로 수정하고 편집했다. 이후 히틀러가 집권하면서 나치에 의해 이 '힘에의 의지'라는 개념이 악용되기도 하면서 니체는 위험한 철학자로 취급되었다.

하지만 이후 그의 철학이 가진 힘, 즉《우상의 황혼》에 붙은 부제에서 처럼 '망치를 가지고 철학 하는 자'로서 니체의 역량은 재평가되었고, 현대에 이르기까지 철학자, 사회학자, 예술가 등 많은 지성인들에게 영향을 주었다.

　《차라투스트라는 이렇게 말했다: 모든 사람을 위한, 그러나 어느 누구를 위한 것도 아닌 책》은 니체의 사상을 담은 철학서이면서도 문학 형식을 취하고 있는 독특한 책이다.

　이 책의 주인공이라고 할 수 있는 차라투스트라(Zarathustra, 그리스어식 표기로는 조로아스터(Zoroaster))는 고대 페르시아 종교인 조로아스터교의 창시자로, 기원전 7세기에 살았던 것으로 추정되는 사람이다. 니체가 '차라투스트라'라는 이름을 이 사람에게서 가져온 것은 조로아스터교의 교리와는 상관없이 도덕의 창시자를 의미하고자 했기 때문이다. 니체는 《이 사람을 보라》에서 "차라투스트라는 가장 숙명적인 액운인 도덕이라는 오류를 창조해 냈으며, 따라서 그 오류를 인식한 최초의 사람이지 않으면 안 된다"고 말하면서, "진실성에서 나오는 도덕의 자기 극복"이 바로 차라투스트라라는 이름이 의미하는 바라고 말한다.

　《차라투스트라는 이렇게 말했다》는 총 4부로 이루어져 있고, 각각은 모두 독립적으로 저술되고 출판되었다. 먼저 1부는 10년 동안 산속에서 고독한 시간을 보내던 차라투스트라가 동굴에서 내려와 신의 죽음을 선포하고, 신의 죽음 뒤에 오는 초인에 대하여 가르치는 내용으로 이루어져 있다.

초인과 달리 그가 '최후의 인간'이라고 부르는 사람들은 현재를 위해 미래를 희생시키며, 자기 자신을 극복하려고 노력하지 않는 사람들이다. 차라투스트라는 우리가 최후의 인간처럼 죽음으로 그저 달려가는 것이 아니라 반드시 초인이 되어야 하며, '인간'이라는 것은 극복되어야 할 어떤 것일 뿐이라는 점을 강조한다.

2부는 다시 산속으로 돌아온 차라투스트라가 자신의 가르침이 왜곡되고 있음을 알고 다시 하산하여 왜곡된 가르침을 비판하는 내용으로 이루어져 있다. 정의를 이야기하는 사람들과 그들 안에 있는 정의로 위장한 원한과 복수심에 대한 비판, 종교에 대한 비판, 대중을 위해 철학을 하는 사람에 대한 비판 등이 이루어진다. 차라투스트라는 그런 와중에 '영원회귀' 사상이 무르익음을 느끼지만, 세상에 전하기에는 아직 부족하다는 것을 깨닫고 성숙한 인식을 위해 다시 산으로 돌아간다.

3부는 제자들을 떠난 차라투스트라가 대부분 홀로 있으며 영원회귀 사상을 깨닫는 내용으로 이루어져 있다. 차라투스트라가 깨닫는 영원회귀는 반복을 의미하지 않는다. 만일 우리 세계를 동일한 것만이 계속 돌아오는 것으로 설명하려 한다면, 거기에는 어떤 새로운 의미도 있을 수 없다. 영원회귀는 현재가 영원한 과거와 미래를 담고 있기 때문에, 바로 이 순간이 영원한 의미를 지니게 되고, 그리하여 바로 그 순간에 서 있는 우리가 현재를 영원히 반복되어도 좋을 만한 것으로 만들 힘을 가지게 된다는 긍정적인 의미를 담고 있다.

마지막으로 4부는 차라투스트라가 더 높은 인간이 되고자 하는 사람들을 만나는 내용으로 이루어져 있다. 왕들, 마술사, 교황, 자진해서 거지가 된 자, 그림자, 우울한 예언자, 정신의 양심을 지닌 자, 가장 추악한 인간. 이들을 만나 차라투스트라는 그들을 고양하고 초인이 될 수 있게 하기 위해 자신의 동굴로 초대한다. 그리고 그들에게 자신의 가르침을 전하고 다시 세계로 나아가기 위해 동굴을 떠난다.

니체는 《이 사람을 보라》에서 《차라투스트라는 이렇게 말했다》의 각 부를 완성하는 데 열흘 이상 소요되지 않았다고 적고 있는데, 이는 그가 매일같이 산책을 하며 떠오르는 사유를 수첩에 기록해 두었고 이를 바탕으로 작성했기 때문이다. 집필 방식에서 알 수 있듯이 이 책은 짜임새 있는 소설의 구성이나 완전한 논리 체계를 갖춘 철학 저서의 형식을 따르고 있지는 않지만, 그만큼 풍부한 영감과 독창성을 가지고 있다.

결론적으로 니체의 사상은 '너의 삶의 주인은 오직 네가 되어야 한다'는 가르침으로 귀결된다. 그가 "네 운명을 사랑하라"고 하는 것도, "이것이 삶이던가? 그렇다면 다시 한번!"이라고 하는 것도, 모두 자신이 삶의 주인이 아니라면 불가능한 일이다. 달리 말하면, 니체는 우리가 선택하지 않은 고통을 아무 이유 없이 견디지 말아야 한다고 말한다. 마찬가지로 우리가 선택한 즐거움이 아닌 것들은 진정한 행복이 아니라고 말한다. '너 자신이 되어라', 이것이 바로 니체가 말하는 초인이 되는 길이며, 자신의 운명을 사랑하는 길이다.

● 1844

독일 뢰켄 출생

● 1858

포르타 공립 학교 입학

● 1864

본 대학 입학하여 고전 문헌학 전공

● 1865

지도 교수인 리츨 교수와 함께 라이프치히 대학으로 옮김

● 1869

바젤 대학 고전 문헌학 교수로 임용

● 1872

《비극의 탄생, 또는 그리스 문화와 염세주의》 출판

● 1873 - 1876

《반시대적 고찰》 출판

● 1878

《인간적인, 너무나 인간적인: 자유 정신을 위한 책》 1권 출판

● 1879

《인간적인, 너무나 인간적인: 자유 정신을 위한 책》 2권 첫째 부록 출판. 교수직 사임

● 1880

《인간적인 너무나 인간적인: 자유 정신을 위한 책》 2권 둘째 부록 출판

● 1881

《아침놀: 도덕적 선입견들에 대한 사유》 출판

● 1882

《즐거운 학문》 출판

● 1883~1885

《차라투스트라는 이렇게 말했다: 모든 사람을 위한, 그러나 어느 누구를 위한 것도 아닌 책》 출판. 《힘에의 의지》라는 미완의 기획 시작

● 1886

《선악의 저편: 미래 철학을 위한 서곡》 출판

● 1887

《도덕의 계보: 하나의 논박서》 출판

● 1888

《힘에의 의지》 기획 포기. 《바그너의 경우: 한 악사의 문제》 출판. 《우상의 황혼, 또는 망치를 가지고 철학 하는 방법》, 《니체 대 바그너: 한 심리학자의 편지》, 《안티크리스트》, 《디오니소스 송가》, 《이 사람을 보라: 어떻게 사람은 자기 자신이 되는가》 저술

● 1889

이탈리아 토리노 카를로 알베르토 광장에서 기절. 이후 11년 동안 정신 질환을 앓음

● 1900

독일 바이마르에서 사망

1. 니체가 말하는 '초인'이란 무엇일까요? 4장, 9장 참고

2. '영원회귀'는 무엇을 의미할까요? 5장, 10장 참고

3. '네 운명을 사랑하라'는 것은 체념하는 것과 어떻게 다를까요? 10장 참고

4. 왜 니체는 사람들을 '최후의 인간'이라고 부를까요? 2장 참고

5. 행복이란 무엇이라고 생각하나요? 7장 참고

6. 니체는 왜 "신은 죽었다"고 말하는 걸까요? 7장 참고

* 읽고 풀기의 PDF는 blog.naver.com/totobook9에서

  다운로드 받을 수 있습니다.

1. 차라투스트라가 연수와 처음 만났을 때 두 사람은 아슬아슬한 줄타기를 보고

    있었지요. 니체는 인간이 서 있는 지점이 바로 그 줄 위라고 생각해서 그런

    비유를 한 거예요. 우리는 인간이라는 것, 바로 우리 스스로를 극복하고 초인이

    되어야 하지요. 니체는 스스로를 극복하지 못하면 자신이 자신의 주인이 되지

    못하고 노예로 전락한다고 생각했어요. 우리가 우리 자신의 주인이 아니라면 다른

    사람들이 만들어 낸 가치와 기준에 따라 살게 될 테니까요.

    니체는 이것을 낙타, 사자, 어린아이에 비유합니다. 낙타는 자신의 등 뒤에 실려

    있는 많은 짐을 내려놓을 줄 모르지요. 왜냐하면 짐은 지어야만 하는 것이니까요.

    하지만 사자는 그런 '해야 한다'와 싸웁니다. 그리고 '내가 해야 하는 것'을

    하기보다는 '내가 하려고 하는 것'만을 하려고 하지요. 사자는 더 이상 다른

    사람들이 중요하게 말하는 가치나 의무에 순종하지 않습니다. 하지만 사자는 다시

    어린아이가 되어야 합니다. 어린아이는 망각할 줄 알기 때문이지요. 무언가를

    잊어버리지 않는다면 그로부터 완전히 새로운 것이 나올 수 없습니다. 어떤 것을

    의심하고 그것과 반대로 생각하는 것만으로는 완전히 새로운 가치를 창조할 수

    없지요.

이렇게 니체는 다른 사람들이 만들어 놓은 가치를 뒤집고 새로운 가치를 창조할

수 있는 사람을 초인이라고 불렀습니다.

2. 차라투스트라는 이제하와 이야기하면서 영원회귀라는 것이 그저 무의미한 반복을

의미하지 않는다고 강조하지요. 이제하처럼 우리 세계를 계속 동일한 것만이

돌아오는 것으로 설명한다면, 거기에는 어떤 새로운 의미도 있을 수 없으니까요.

영원회귀는 현재가 영원한 과거와 미래를 담고 있기 때문에, 바로 이 순간이

영원한 의미를 지니게 되고, 그래서 바로 그 순간에 서 있는 우리가 현재를 영원히

반복되어도 좋을 만한 것으로 만들 힘을 가지게 된다는 긍정적인 의미를 담고

있어요.

미래는 돌아오지만 우리가 이미 다 겪었던 과거로, 지금과 똑같은 순간으로

돌아오는 것은 아니에요. 미래가 돌아온다는 건 영원한 가치를 지닌 순간이

돌아온다는 것을 의미하지요. 그래서 우리는 그런 순간을 언제나 영원히 돌아올

만한 가치를 가진 것으로 받아들여야 해요. 받아들인다는 것은 그저 시간을 있는

그대로 받아들인다는 것이 아니라, 그런 순간을 다시 한번 살고 싶을 정도의

순간으로 만들어야 한다는 거예요. 이것은 불합리하거나 옳지 않다고 생각하는

현재를 바꾸는 것이 오직 우리만이 할 수 있는 일이라는 뜻이에요. 바로 지금

우리가 바꾸려고 노력하지 않는다면 영원히 바뀌지 않을 테니까요.

3. 우리는 때때로 점을 쳐서 운명을 미리 알고 싶어 하기도 하지요. 왜냐하면 운명은

정해져 있는 것이라고 생각하기 때문이에요. 하지만 니체가 말하는 아모르 파티,

'운명을 사랑하라'는 정해져 있는 운명을 받아들이고 체념하는 것과는 달라요.

우리의 운명은 오직 우리만이 창조할 수 있고, 그런 점에서 사랑하지 않을 수 없는

것이지요.

'운명을 사랑하라'는 것은 영원한 과거와 미래로 펼쳐진 현재를 사랑하는

것이에요. 우리 과거의 한 부분, 미래의 한 부분, 현재의 한 부분을 사랑하라는

것이 아니라, 우리의 운명 전체를 사랑하라는 것을 의미합니다. 우리의 운명에서

오직 즐거운 것만을 사랑하는 게 아니라 고통마저도 사랑할 수 있는 것은, 우리가

과정 중에 있기 때문이에요. 우리 자신을 극복하는 것은 어느 날 한 번 달성하면

끝나는 것이 아니지요. 그것은 끊임없이 이루어져야 하는 과정이에요. 니체가

말하는 '네 운명을 사랑하라'는 끝없는 자기 극복이 이루어지는 운명 전체를

영원히 반복될 만한 것으로 사랑하는 것을 말해요.

4. 니체는 자기 자신을 극복하려 하지 않고 살아가는 사람들을 '최후의 인간'이라고

불렀어요. 그들은 무엇이든 열심히 하지요. 공부도 열심히 하고, 일도 열심히 하고,

돈도 열심히 벌어요. 하지만 그들이 그렇게 열심히 하는 이유는 권태로운 시간을

견딜 수 없기 때문일 뿐이에요. 권태로운 시간이 찾아와서 생각이 많아지면

남들과 달라질까 봐 전전긍긍하게 되지요. 그런 사람들은 왜 공부를 하는지, 왜

일을 하고 돈을 버는지 영원히 알지 못하지요. 대신 행복이라는 것을 고안해

내어서 공부를 열심히 하면 행복해진다고, 일을 열심히 하고 돈을 많이 벌면

행복해진다고 서로를 속이지요. 그들은 결국 자신의 최후를 향해서 달려가고

있을 뿐이에요. 그것도 아주 열심히요. 그래서 니체는 그들의 삶의 방식이 세계가

끝나는 최후의 시간에 살고 있는 인간들과 같다고 보았던 거예요.

5. 니체는 행복 자체는 부수적인 것이지 진정한 목표가 될 수 없다고 합니다. 진정한

목표는 나 자신을 극복하는 것이지요. 내가 나를 극복해야만 나 자신의 주인이 될

수 있기 때문이에요. 내가 나의 주인이 되지 않는다면 나는 영원히 나의 행복을

스스로 확신할 수 없고, 남들이 행복이라고 불러 주어야만 그것이 행복이라고

착각하게 되지요. 니체는 그런 것을 진정한 행복으로 보지 않았어요. 다른 사람의

기준으로부터 떠나 오직 내가 세운 기준만이 나의 행복을 행복이라 부를 수 있게

하는 거지요.

6. 차라투스트라와 만난 신부는 우리가 사랑하는 신이 '사랑의 신'이 아니라고

하지요. 신은 우리를 사랑하는 게 아니라 재판관이라는 것입니다. 니체는 신이

우리를 동정했기 때문에 죽었다고 말합니다. 왜냐하면 동정은 동등한 관계에서

오는 것이 아니기 때문이에요. 신은 언제나 우리의 위에서 명령하거나 벌을

내리고, 사랑이 아니라 동정을 할 뿐이었지요. 니체는 우리가 따라야 하는 법은

우리 위에서 우리를 강제하는 신으로부터 내려진 명령이 아니라, 우리 자신 안에

있는 것이어야 한다고 말합니다. 나의 행위가 내 안에 있어야만 내가 그 행위를

책임질 수 있으니까요. 내가 나의 법에 따라 행동할 때 스스로가 그 행동에 대해

책임지지 않을 수 없지요.

니체는 자기의 도덕을 세우지 못하면 그것은 언제고 무너질 것이라고 생각했어요.

신의 명령을 어기면 신에게 벌을 받지요. 그런 벌을 무섭게 만들어 명령을 따르게

하는 것은, 우리를 우리 스스로는 책임지지 않아도 되게 만드는 것과 다르지

않아요. 그래서 니체는 선하고 지혜롭고 아름다운 것은 모두 신에게로 돌리고,

악한 행동은 모두 우리 자신에게서 비롯된 것이라고 말하지 말아야 한다고

합니다. 우리는 그런 누군가로부터 강제된 선과 악의 기준의 다른 편에 서 있고,

우리 스스로 그 기준을 마련할 수 있어야 하지요.